W0078191

BREAKFAST
by Carrie!

Titel der Originalausgabe: »**Une Américaine à Paris**«
Erschienen bei Éditions de La Martinière SA, Paris 2014


Konzept und Layout: Laurence Maillet

Deutsche Erstausgabe

Ein Unternehmen der La Martinière Groupe

Umschlaggestaltung: Gudrun Bürgin, München

Für das Redaktionsbüro TextWelten, München:
Lektorat: Elke Homburg
Satz: Petra Kühner

Printed in China

ISBN 978-3-86873-823-0

Carrie Solomon

# CARRIE'S KITCHEN

## KULINARISCHER ROADTRIP DURCH DIE USA

Illustrationen
**Aurore d'Estaing**

Übersetzung aus dem Französischen
**Sarah Pasquay**

KNESEBECK

CORN DOGS
HOMEMADE BUNS
ULIFLOWER
MUSHROOMS
BEETS
CARROTS
ONION
LEVA'S MEA
E MADE SAUSAGE OUR SPE

# Inhalt

Ich bin in einer ziemlich abgelegenen Region der USA aufgewachsen: im Mittleren Westen. Tief im Herzen dieses Landstrichs, weit entfernt von West- und Ostküste – in einer Gegend, die bekannt ist für ihre freundlichen Bewohner. Dort braucht man zwei Tage, um mit dem Auto von einer großen Stadt zur nächsten zu fahren, und für ein Essen bei Freunden legt man große Distanzen zurück. Für meine Familie war auch eine einstündige Autofahrt ins nächste Restaurant nichts Ungewöhnliches.

Während der Sommerferien unternahmen wir häufig lange Autotouren quer durchs Land. Wir hielten unterwegs an, um in einem Diner am Straßenrand etwas zu essen oder bei Freunden, die in anderen Staaten der USA wohnten. Die Mitglieder meiner Familie hätte niemand als Feinschmecker bezeichnet, aber sie schätzten gutes Essen. In meiner Kindheit kochte meine Mutter regelmäßig. Sie probierte vieles aus: Manchmal gelang das Gericht und schmeckte sogar sehr gut, manchmal gelang es nicht. Wenn ein Essen misslang, hatte meine Mutter immer eine Notlösung parat: Breakfast for Dinner – Frühstück am Abend. Dann gab es Pancakes, Bacon und Eier, die sie nach unseren Wünschen zubereitete. Ich fand dieses Frühstück am Abend großartig! Es gab nichts Schöneres für mich. Und heute? Seit zehn Jahren lebe ich nun in Paris und esse alles, was diese Stadt zu bieten hat. Damit habe ich mir einen lang gehegten Traum erfüllt: in einer Weltstadt zu leben, in der alle Produkte der Welt erhältlich sind. Dennoch bereite ich gern mehrmals in der Woche typisch amerikanische Gerichte zu oder bestelle sie im Restaurant. In Paris wird es immer einfacher, nordamerikanische Produkte zu finden: Es gibt mehr und mehr Restaurants und Lebensmittelgeschäfte, in denen ich mich damit eindecken kann. Und wenn ich doch einmal nicht finde, was ich suche, stelle ich eben meine eigene Erdnussbutter oder meine eigene Barbecuesauce her. Die Zutaten dafür bekommt man schließlich überall.

## Meine Familienrezepte

Die Rezepte in diesem Buch bereite ich auch für meinen Mann und meine Kinder zu. Vor mir haben schon meine Mutter und meine Großmutter diese Gerichte gekocht und ich hoffe, dass meine Töchter diese Tradition fortführen werden. Ich habe aber auch Nachbarn, Tanten und sogar Großtanten um Rezepte gebeten.

Die Familie spielt in der nordamerikanischen Küche sowieso eine entscheidende Rolle. Und dieses Buch ist die Frucht vieler Familienessen, mit denen ich unzählige Erinnerungen verbinde.

## Die Küchen der Vereinigten Staaten

Die nordamerikanische Küche ist reich und vielfältig und hat viel mehr zu bieten als Burger, Hotdogs und Cookies. Es gibt zahllose Gerichte, Zutaten und Zubereitungsformen – schließlich sind die USA ein riesiges Land mit einer bunt zusammengewürfelten Bevölkerung, unterschiedlichsten geografischen Gegebenheiten, enormen klimatischen Unterschieden und entsprechend vielen regionalen Küchen.

DO NOT
ENTER
THE
NN ARBOR
NEWS
YOUR TRUSTED SOURCE

HISTORIC DISTRICT
N. Fifth Ave
STOP

# DIE REGIONALEN KÜCHEN DER USA

und einige ihrer Spezialitäten

WASHINGTON
OREGON
IDAHO
MONTANA
NORTH DAKOTA
SOUTH DAKOTA
WYOMING
NEVADA
CALIFORNIA
UTAH
COLORADO
NEBRASKA
KANSAS
ARIZONA
NEW MEXICO
TEXAS

## DIE KÜCHE DER NORDWESTLICHEN PAZIFIKKÜSTE

(Oregon, Seattle und Washington State, Alaska)

Pazifikfisch und Flussfische (Lachs, Forelle, Hecht), Königskrabben, Wild, Kartoffeln aus Idaho, Sauerteigbrot, Pilze, Waldfrüchte (Brombeeren, Heidelbeeren, Preiselbeeren) und Plantagenfrüchte (Pfirsiche, Äpfel)

## KALIFORNISCHE KÜCHE

Caesar Salad, Cioppino (Fischsuppe), Dungeness-Krabben und Olympia-Austern, Steaks oder Teriyaki-Hähnchen, Sauerteigbrot, Green Goddess Dressing mit frischen Kräutern, Hangtown Fry (gebackene Austern), Früchte (Zitrusfrüchte, vor allem Orangen) und Avocados

## TEX-MEX-KÜCHE

Chili con Carne, Fajitas, Tacos, Burritos, Huevos Rancheros (Eier mit würziger Tomatensauce und schwarzen Bohnen, zum Frühstück serviert), Enchiladas, Ceviche (marinierter roher Fisch), Arroz con Pollo (Hähnchen mit Reis)

## INDIANISCHE KÜCHE

Pemmican (ein Gericht auf Basis von gedörrtem Rindfleisch und wilden Beeren), heißgeräucherter Lachs, Hominy (grober, mit einer Kalklösung behandelter Maisgrieß), Kürbiskuchen, gegrillter Biberschwanz, Bisonfleisch, Fry Bread (gebratenes Brot), Posole (Suppe mit Innereien und Mais), Succotash (Mais und Bohnen), Brot und Kuchen aus Maismehl, Waldfrüchte

## DIE KÜCHE DES MITTLEREN WESTENS

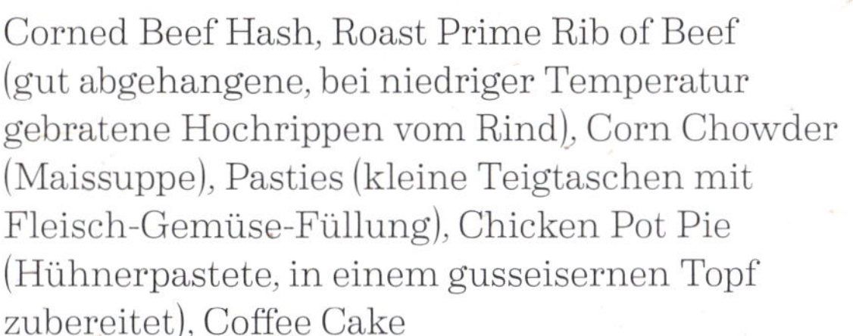

Corned Beef Hash, Roast Prime Rib of Beef (gut abgehangene, bei niedriger Temperatur gebratene Hochrippen vom Rind), Corn Chowder (Maissuppe), Pasties (kleine Teigtaschen mit Fleisch-Gemüse-Füllung), Chicken Pot Pie (Hühnerpastete, in einem gusseisernen Topf zubereitet), Coffee Cake

## DIE KÜCHE DES NORDOSTENS

(Neuengland und New York)

Clam Chowder – eine Muschelsuppe, die entweder mit Sahne und Speck (Neuengland) oder mit Tomate (New York) zubereitet wird, Apple Pie, Maine-Hummer, serviert mit zerlassener Butter und frischem Mais oder als Lobster Roll (im Sandwich), Oyster Roast (in Sahne geschmorte Austern), Truthahnbraten mit Cranberrysauce (ein Thanksgiving-Essen, das man überall in den USA zelebriert), Clubsandwiches, Reuben-Sandwiches mit Pastrami, Waldorfsalat (Äpfel, Sellerie und Walnüsse mit Mayonnaise)

## DIE KÜCHE DES OSTENS UND DER AMISH AUS PENNSYLVANIA

Krabben aus der Chesapeake-Bucht, Shad Roe (Maifischeier), Terrapin Stew (Schildkrötensuppe), frische hausgemachte Nudeln, Kohlrouladen, Hamburger, Schnitz and Knepp (Schweinebraten mit Äpfeln), frittiertes Hähnchen nach Maryland-Art, Whoopie Pies (Gebäck aus der Amish-Küche)

## DIE SÜDSTAATENKÜCHE

(Louisiana, Süd-Texas, Georgia, Virginia ...)

Cajun-Küche, kreolische Küche und die Küche der Pflanzer:
Gumbo (Suppe mit Meeresfrüchten, Wurst und Gemüse), Jambalaya (Reis mit Hähnchen und Innereien; in Louisiana in Form einer gekochten Wurst), Corn Bread (Maisbrot), frittiertes Hähnchen, Krabben und Garnelen, Rockefeller-Austern, Barbecue, Süßwasserfische (entlang des Mississippi und der Bayous), gekochter Schinken mit Früchten aus Virginia, Pfirsichkuchen aus Georgia, Spoon Bread (Maisfladen), Key Lime Pie (Limettenkuchen von den Florida Keys)

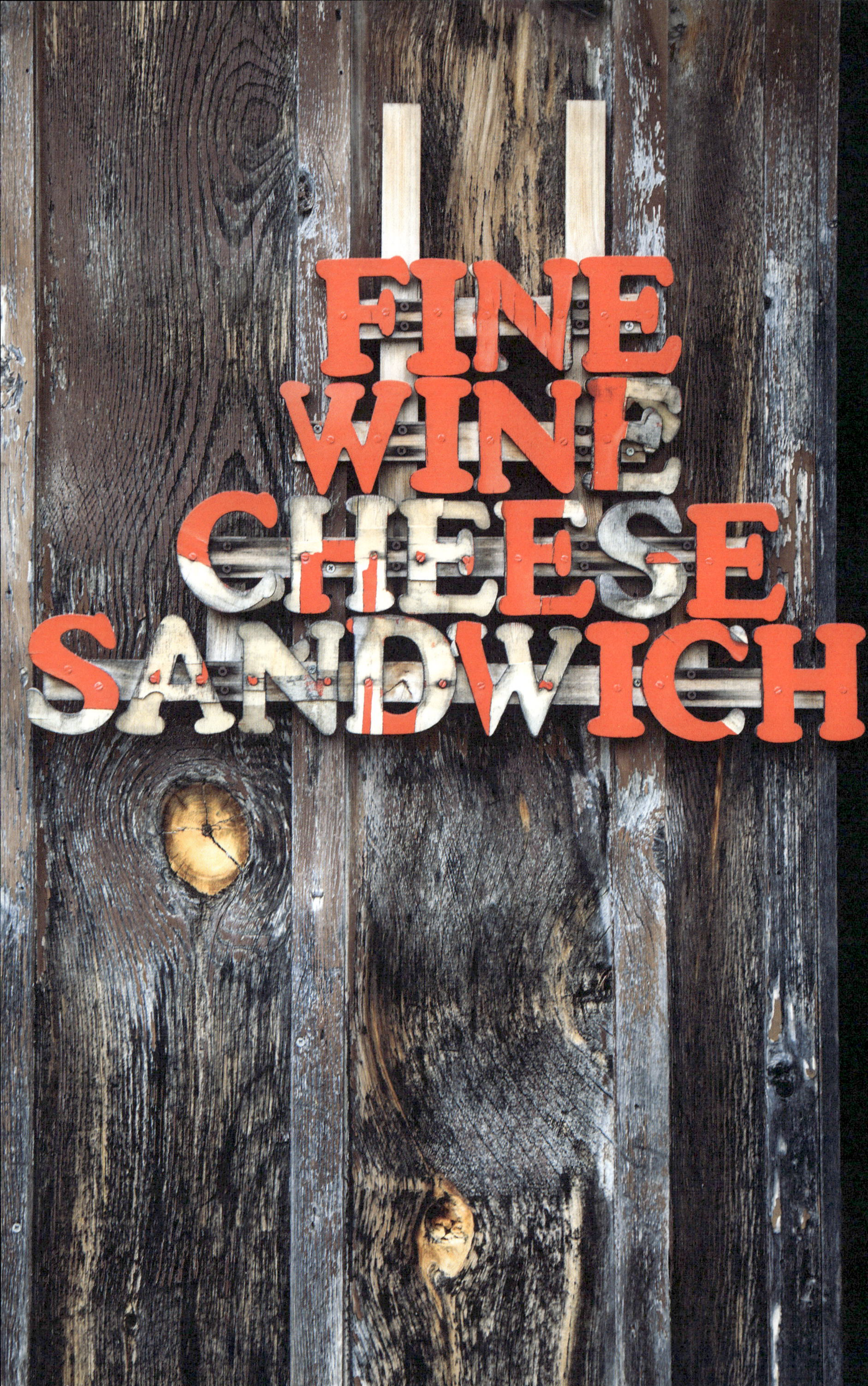
FINE
WINE
CHEESE
SANDWICH

# IN YOUR CUPBOARD

## Im Vorratsschrank

Wer zu Hause amerikanisch kochen möchte, muss nicht zwangsläufig die Abteilung mit internationalen Produkten im Supermarkt plündern oder Spezialitätengeschäfte abklappern. Man muss sich kein Sortiment *cups* und *spoons* zulegen, um sich für das Kochen und Backen nach amerikanischen Maßeinheiten zu wappnen. Die amerikanische Küche verzeiht vieles und erfordert keine aufwendigen Vorbereitungen.

Alles was man braucht, sind ein Skillett (eine große gusseiserne Pfanne, siehe Seite 14) und einige grundlegende Produkte, die ich im Folgenden vorstelle. Den Rest kann man zum großen Teil selbst herstellen.

**Old Bay Seasoning**: Diese Gewürzmischung stammt aus der Chesapeake-Bucht und ist in Spezialitätenläden oder im Internet erhältlich (auf Seite 219 findet sich auch ein Rezept, wie man sie selbst zubereiten kann). Sie zählt zu den Gewürzmischungen, die wir Amerikaner seit Generationen lieben, wird zum Würzen von Fisch und Meeresfrüchten oder Brühe aus Krustentieren verwendet, ist aber so vielseitig, dass sie auch zu zahlreichen anderen Gerichten passt.

**Worcestersauce** ist eine britische Würzsauce, die von einem bengalischen Rezept inspiriert wurde. Die Zusammensetzung ist geheim, aber ganz sicher gehören Zutaten wie Tamarindensauce, Essig, Anchovis, Knoblauch, Piment und Gewürznelken hinein. Man findet Worcestersauce in Supermärkten und indischen Lebensmittelläden sowie im Spirituosenhandel, denn die Sauce wird oft für Cocktails verwendet (zum Beispiel für Bloody Mary).

Für Cupcakes und Kuchen, die aufgehen sollen, ist **Backnatron** (oder Backsoda) unverzichtbar. Im Kühlschrank gelagert, vertreibt es zudem schlechte Gerüche. Man findet es in gut sortierten Supermärkten.

**Liquid Smoke** (flüssiger Rauch) wird in kleinen Mengen verwendet und verleiht Gerichten einen leichten Rauchgeschmack. Das ist sehr praktisch, wenn man in einer Wohnung ohne Garten und Grillmöglichkeit lebt oder ein Pastrami zubereiten will.

# SKILLET

Diese große tiefe Pfanne, die aus einem Stück nicht emailliertem Gusseisen hergestellt wird, spielte für die Frauen der Pioniere während der Besiedlung Amerikas eine wichtige Rolle: Die Skillet-Pfanne war das perfekte Kochgerät für die Zubereitung über dem Lagerfeuer. Heute wie damals ist sie ein unverzichtbares Utensil in der amerikanischen Küche und wird zum Frittieren, Schmoren, Dämpfen und mehr verwendet. Da das Material leicht rostet, muss man es vor dem Gebrauch einfetten und erhitzen. Im Laufe ihres langen Lebens (ein Skillet ist unverwüstlich), setzt die Pfanne Patina an, die wie eine Antihaftbeschichtung wirkt. Statt eines echten Skillet kann man auch einfach eine große gusseiserne Pfanne oder einen Wok verwenden.

hash'n egg

cinnamon roll

BREAKFAST

served all day!

french toast

DIE GOLDENEN REGELN ZUM BACKEN VON

# PANCAKES

Um die berühmten amerikanischen Pfannkuchen in Perfektion auf den Frühstückstisch zu bringen, muss man nur ein paar einfache Regeln beherzigen:

> Den Teig nicht zu kräftig rühren, das macht ihn dickflüssig und zäh.

> Immer zuerst einen Test-Pfannkuchen backen, um herauszufinden, ob die Temperatur der Pfanne oder Crêpes-Platte sowie die Teigkonsistenz stimmen.

> Nach dem Wenden niemals mit dem Pfannenwender auf die Pancakes drücken: Ein platt gedrückter Pancake ist ein misslungener Pancake!

> Wer nicht in Eile ist, trennt die Eier, schlägt das Eiweiß steif und hebt es nach Milch und Sahne unter den Teig.

> Mindestens zwei Pancakes pro Person einplanen.

> Wenn Pancakes übrig bleiben (was, ehrlich gesagt, selten vorkommt), kann man sie am nächsten Tag braten und als Sandwich mit knusprigem Bacon essen.

> Meine Rezepte ergeben zwischen acht und zwölf Pancakes – je nach Größe.

> Den Teig ruhen lassen – die Pancakes werden einfach besser.

ZUM FRÜHSTÜCK PANCAKES SERVIEREN, OHNE MORGENS LANGE IN DER KÜCHE ZU STEHEN? DAS GEHT: EINFACH DEN TEIG AM VORABEND ANRÜHREN UND 15 MINUTEN VOR DEM BACKEN AUS DEM KÜHLSCHRANK NEHMEN.

# CLASSIC PANCAKES

KLASSISCHE PANCAKES

Für 8 Pancakes (2–4 Personen)

Zubereitung: 10 Minuten – Ruhezeit: 10 Minuten
Garzeit: etwa 5 Minuten pro Pfanne

## ZUTATEN

120 g Weizenmehl, ½ Päckchen Backpulver, 1 Ei, 25 g Butter, zerlassen, 60 g Kristallzucker, 60 ml Vollmilch, 60 g süße Sahne, Pflanzenöl, Puderzucker, Ahornsirup oder Schlagsahne zum Servieren

1. Mehl und Backpulver in einer Schüssel gut vermischen. In einer zweiten Schüssel das Ei mit Butter und Zucker gut verrühren, dann Milch und Sahne unterrühren. Die Mehlmischung in die Schüssel mit der Eiermasse sieben, alles zu einem geschmeidigen Teig verrühren und mindestens 10 Minuten ruhen lassen.
2. Eine Pfanne dünn mit Öl ausstreichen (bei Verwendung einer Crêpes-Platte ist das nicht nötig) und bei mittlerer bis starker Hitze erwärmen. Sie ist heiß genug, wenn ein Tropfen Wasser sofort darauf verdampft.
3. Pro Pancake 1 Esslöffel Teig in die Pfanne geben und zwischen den Pancakes 4 cm Abstand lassen. Sobald sich auf der Oberfläche kleine Bläschen bilden (nach 1–2 Minuten), die Pancakes wenden und mindestens 1 Minute von der anderen Seite backen.
4. Die Pancakes auf einem Teller anrichten, mit etwas Puderzucker bestäuben und sofort mit gutem Ahornsirup und etwas Butter oder mit Schlagsahne servieren.

### AM RANDE

ZUM WOCHENEND-BRUNCH GEHÖREN PANCAKES ZWINGEND DAZU. IN MEINER FAMILIE WERDEN SIE MIT GEBRATENEM BACON UND AHORNSIRUP SERVIERT – WIE VIELE AMERIKANER LIEBEN WIR DIE MISCHUNG AUS SÜSSEN UND SALZIGEN ZUTATEN.

Aunt
Tara's
Granola

WHOLE-WHEAT GRANOLA

# PANCAKES

## VOLLKORN-PANCAKES MIT GRANOLA

Für 8 Pancakes (2–4 Personen)

Zubereitung: 10 Minuten – Ruhezeit: 10 Minuten
Garzeit: etwa 5 Minuten pro Pfanne

### ZUTATEN

60 g Weizenmehl (Type 550), 60 g Weizenvollkornmehl, ½ Päckchen Backpulver, 1 Ei, 25 g Butter, zerlassen, 60 g Kristallzucker oder brauner Rohrzucker, 60 ml Vollmilch, 60 g süße Sahne, 50 g Granola (siehe Seite 54 oder 56), Pflanzenöl

1. Die beiden Mehlsorten mit dem Backpulver in einer großen Schüssel gut vermischen. In einer zweiten Schüssel das Ei mit Butter und Zucker gut verrühren, dann Milch und Sahne unterrühren. Die Mehlmischung in die Schüssel mit der Eiermasse sieben, alles zu einem geschmeidigen Teig verrühren und mindestens 10 Minuten ruhen lassen.
2. Eine Pfanne dünn mit Öl ausstreichen (bei Verwendung einer Crêpes-Platte ist das nicht nötig) und bei mittlerer bis starker Hitze erwärmen. Sie ist heiß genug, wenn ein Tropfen Wasser sofort darauf verdampft.
3. Pro Pancake 1 Esslöffel Teig in die Pfanne geben und zwischen den Pancakes 4 cm Abstand lassen. Nach 30 Sekunden das Granola auf den Pancakes verteilen. Sobald sich auf der Oberfläche kleine Bläschen bilden (nach 1–2 Minuten), die Pancakes wenden und mindestens 1 Minute von der anderen Seite backen.
4. Diese Pancakes schmecken einfach köstlich – auch ohne Ahornsirup!

### TIPP

Weil sie etwas robuster sind, lassen sich diese Pancakes auch gut von der Hand essen, wenn man es morgens eilig hat. Einfach in Küchenpapier einschlagen.

CHOCOLATE

# PANCAKES

SCHOKOLADEN-PANCAKES

Für 8 Pancakes (2–4 Personen)

Zubereitung: 10 Minuten – Ruhezeit: 10 Minuten
Garzeit: etwa 5 Minuten pro Pfanne

## ZUTATEN

60 g Weizenmehl (Type 550), 60 g Weizenvollkornmehl, ½ Päckchen Backpulver, 2 EL Instant-Kakaopulver, 1 Ei, 25 g Butter, zerlassen, 40 g Kristallzucker oder brauner Rohrzucker, 60 ml Vollmilch, 60 g süße Sahne, Pflanzenöl

1. Die beiden Mehlsorten mit dem Backpulver und dem Kakao in einer großen Schüssel gut vermischen. In einer zweiten Schüssel das Ei mit Butter und Zucker gut verrühren, dann Milch und Sahne unterrühren. Die Mehlmischung in die Schüssel mit der Eiermasse sieben, alles zu einem geschmeidigen Teig verrühren und mindestens 10 Minuten ruhen lassen.

2. Eine Pfanne dünn mit Öl ausstreichen (bei Verwendung einer Crêpes-Platte ist das nicht nötig) und bei mittlerer bis starker Hitze erwärmen. Sie ist heiß genug, wenn ein Tropfen Wasser sofort darauf verdampft.

3. Pro Pancake 1 Esslöffel Teig in die Pfanne geben und zwischen den Pancakes 4 cm Abstand lassen. Sobald sich auf der Oberfläche kleine Bläschen bilden (nach 1–2 Minuten), die Pancakes wenden und mindestens 1 Minute von der anderen Seite backen.

### TIPP

Echte Schoko-Fans streuen zusätzlich Schokostreusel über die Pancakes, sobald sich an der Oberfläche die ersten Bläschen bilden. Oder auch, wenn die Pancakes schon auf dem Teller liegen – göttlich!

LOW-SUGAR APPLE

# PANCAKES

## ZUCKERARME APFEL-PANCAKES

Für 8 Pancakes (2–4 Personen)

Zubereitung: 12 Minuten – Ruhezeit: 10 Minuten
Garzeit: etwa 5 Minuten pro Pfanne

### ZUTATEN

100 g Weizenvollkornmehl, ½ Päckchen Backpulver, 1 Ei, 25 g Butter, zerlassen, 80 g Apfelmus, 1 TL Kristallzucker, 100 ml Vollmilch, 1 Apfel, geschält und in feine Scheiben geschnitten, Pflanzenöl

1. Mehl und Backpulver in einer Schüssel gut vermischen. In einer zweiten Schüssel das Ei mit Butter, Apfelmus und Zucker gut verrühren, dann die Milch unterrühren. Die Mehlmischung in die Schüssel mit der Eiermasse sieben, alles zu einem geschmeidigen Teig verrühren und mindestens 10 Minuten ruhen lassen.
2. Eine Pfanne dünn mit Öl ausstreichen (bei Verwendung einer Crêpes-Platte ist das nicht nötig) und bei mittlerer bis starker Hitze erwärmen. Sie ist heiß genug, wenn ein Tropfen Wasser sofort darauf verdampft.
3. Pro Pancake 1 Esslöffel Teig in die Pfanne geben und zwischen den Pancakes 4 cm Abstand lassen. Nach 30 Sekunden 4–5 Apfelscheiben auf jedem Pancake verteilen. Sobald sich auf der Oberfläche kleine Bläschen bilden (nach 1–2 Minuten), die Pancakes wenden und mindestens 1 Minute von der anderen Seite backen.

### TIPP

Man kann das Apfelmus auch durch zerdrückte Banane und die Apfelscheiben durch Bananenscheiben ersetzen. Oder man bereitet das Rezept mit pürierten roten Beeren zu (Erdbeeren, Himbeeren ...). Dann werden die Pancakes richtig schön bunt!

NOTICE
PRICES SUBJECT TO CHANGE ACCORDING TO CUSTOMERS ATTITUDE
WESTCLOX
COFFEE BLENDER
CECILWARE
AUTOMATIC COFFEE URN
FE-100
CECILWARE CORPORATION L.I.C. N.Y. 11105
STEPS FOR BREWING
CITAVO
FINE COFFEE
CAUTION WARMERS AND SURFACES ARE HOT
BUNN
Omatic
CAUTION
CAUTION WARMERS AND SURFACES ARE HOT
WARNING
Use With Care!

You don't have to be crazy to work here ~ WE TRAIN YOU!!
BEWARE OF ATTACK WAITRESS
Old Waitresses Never Die They Just Keep Their Sections Closed

# CINNAMON ROLLS

## ZIMTSCHNECKEN

Für 12 Schnecken

Zubereitung: 40 Minuten – Gehzeit: 1–2 Stunden
Backzeit: 15 Minuten

AM RANDE

DIE GRÖSSTE ZIMTSCHNECKE MEINES LEBENS ASS ICH IN TEXAS, WO MAN HÄUFIG FOLGENDES ANGEBOT LIEST: »WENN SIE ALLES AUFESSEN, ZAHLEN SIE NICHTS!« EINE ECHTE HERAUSFORDERUNG ANGESICHTS DER GRÖSSE DER PORTIONEN.

### ZUTATEN

FÜR DEN TEIG
250 g Kartoffeln, 50 g Süßkartoffeln,
15 g frische Hefe, 30 g Kristallzucker, 2 Eier,
1 TL Vanilleextrakt (siehe Seite 219),
80 g raumtemperierte Butter,
750–800 g Weizenmehl

FÜR DIE FÜLLUNG
250 g Muscovado-Zucker (Rohrohrzucker, siehe Seite 180), 5 TL gemahlener Zimt, 40 g Weizenmehl, 150 g raumtemperierte Butter

FÜR DIE GLASUR
5 EL Vollmilch,
200 g Puderzucker

1. Kartoffeln und Süßkartoffeln schälen und in Scheiben schneiden. In einen Topf geben, 350 ml Wasser angießen. Aufkochen lassen und bei kleiner Hitze 15 Minuten köcheln lassen.

2. In der Zwischenzeit die Hefe mit 80 ml lauwarmem Wasser und dem Zucker verrühren und 10 Minuten beiseitestellen.

3. Wenn die Kartoffeln gar sind, abgießen und das Kochwasser auffangen. Kartoffeln mit einer Gabel zerdrücken und dabei nach und nach das Kochwasser zugeben. Die Eier verquirlen und mit dem Vanilleextrakt, der Hefemischung und der Butter unter das Püree mengen. Mit einem Kochlöffel alles gut verrühren und nach und nach das Mehl unterrühren. Den Teig an einem warmen Ort 1–2 Stunden gehen lassen, bis er sein Volumen verdoppelt hat.

4. Für die Füllung alle Zutaten gründlich vermengen. Den Backofen auf 190 °C (Umluft) vorheizen. Den Teig zu einem Rechteck (25 x 35 cm) ausrollen. Die Füllung gleichmäßig darauf verstreichen, dann den Teig von der schmalen Seite her aufrollen. Ein oder zwei Backbleche mit Backpapier auslegen. Die Teigrolle in zwölf Scheiben schneiden und diese auf den Backblechen verteilen. Die Zimtschnecken 12–15 Minuten backen, bis sie goldbraun sind.

5. Für die Glasur die Milch mit dem Puderzucker verrühren und die heißen Zimtschnecken mithilfe eines Pinsels oder eines Löffels dünn damit bestreichen.

TIPP

Da dieses Rezept recht zeitaufwendig ist, friere ich die ungebackenen Zimtschnecken häufig ein. Dann kann ich sie nach Lust und Laune backen und warm geniessen.

# OLD-FASHIONED DONUTS

## TRADITIONELLE DONUTS

Für 12 Donuts

Zubereitung: 25 Minuten – Ruhezeit: etwa 1 Stunde
Garzeit: 8–12 Minuten insgesamt

### ZUTATEN

Für die Donuts
550 g Weizenmehl, 1½ Päckchen Backpulver, ½ TL gemahlener Zimt, 1 TL Vanilleextrakt oder das ausgekratzte Mark von ½ Vanilleschote, 100 g Butter, 225g Kristallzucker, 2 Eier, 250 g Crème fraîche, 1 l Sonnenblumenöl zum Frittieren

Für die Glasur
300 g Puderzucker, 100 g süße Sahne

1. Mehl, Backpulver, Zimt und Vanille in einer Schüssel gut vermischen. Die Butter zerlassen.
2. In einer weiteren Schüssel Zucker, Eier und Butter einige Minuten gut verrühren. Crème fraîche zugeben und unterrühren. Dann die Mehlmischung hineinsieben und unterrühren, bis ein glatter, fester, aber noch leicht klebriger Teig entstanden ist. Mit Frischhaltefolie abdecken und 30 Minuten bei Zimmertemperatur ruhen lassen.
3. Das Öl in einem großen Topf oder einer Fritteuse langsam auf 190 °C erhitzen. In der Zwischenzeit den Teig 1 cm dick ausrollen. Mit einer Donut-Ausstechform oder einem großen Becher die Donuts ausstechen und jeweils in die Mitte mit der Öffnung einer leeren Weinflasche ein Loch stanzen. Vor dem Frittieren 15–30 Minuten ruhen lassen.

4. Wenn das Öl 190 °C heiß ist, vorsichtig drei oder vier Donuts gleichzeitig hineingeben. 1 Minute frittieren, dann wenden, nochmals 1 Minute frittieren, erneut wenden und noch einmal 30 Sekunden frittieren. Die Donuts mit einem Schaumlöffel herausheben und auf einer mit Küchenpapier ausgelegten Platte abtropfen und abkühlen lassen.

5. Für die Glasur den Puderzucker mit der Sahne verrühren. Die abgekühlten Donuts mit der Oberseite in die Glasur tauchen und trocknen lassen. In einer luftdichten Dose oder einer Pappschachtel halten sie sich 2–3 Tage.

AM RANDE
WENN WIR DONUTS ESSEN, IST DAS EIN UNTRÜGLICHES ZEICHEN DAFÜR, DASS ENDLICH WOCHENENDE IST.

**Gleich nach dem Glasieren kann man die Donuts mit Zuckerstreuseln aller Art dekorieren. Man kann die Glasur auch mit Geschmacksnoten nach Wahl verfeinern. Hier sind einige Anregungen dafür:**

Das Prinzip ist ganz einfach, man muss nur der klassischen Glasur (siehe Rezept oben) je nach Vorliebe eine der folgenden Zutaten beigeben:

**Schokoladenglasur:** 1 TL Kakaopulver

**Mokkaglasur:** 1 TL Instant-Kaffeepulver

**Grüntee-Glasur:** ½ TL Matcha-Teepulver

**Orangenglasur:** 1 TL fein geriebene Orangenschale

**Himbeerglasur:** 2 TL zerdrückte Himbeeren

AM RANDE

In den USA werden auch die »Donut Holes«, also der Teig, der aus der Mitte der Donuts gestanzt wird, verwertet: Man kann sie päckchenweise kaufen. Wer selbst Donuts bäckt, sollte deshalb nicht vergessen, auch die »Löcher« auszubacken!

AKFAST

# ORANGE CURD

ORANGENCREME

Für etwa 600 g
(reicht auch noch für 1 kleines Glas zum Verschenken)

Zubereitung: 15 Minuten – Garzeit: 10–15 Minuten
Kühlzeit: 2 Stunden

## ZUTATEN

3 Bio-Orangen, 125 g gesalzene Butter, 300 g Kristallzucker, Saft von 1 Orange, 4 große Eier

1. Die Orangenschale mit einem Sparschäler dünn abschälen (nicht die weiße Haut unter der Schale) und in einer Küchenmaschine sehr fein zerkleinern. Die Butter zugeben, alles gut vermengen und dann den Zucker unterrühren.

2. Die Mischung in eine Schüssel füllen und mit dem Orangensaft verrühren. Dann die Eier einzeln zugeben und alles gut verrühren. In eine Pfanne geben und bei kleiner Hitze 10–15 Minuten erwärmen, bis die Masse eingedickt ist. Dabei ständig mit einem Kochlöffel umrühren. Die Creme 15 Minuten ruhen lassen, dann in ein Glas umfüllen.

3. Die Orangencreme abkühlen lassen, dann mindestens 2 Stunden in den Kühlschrank stellen. 15 Minuten vor dem Servieren aus dem Kühlschrank nehmen, auf Brot streichen und genießen.

# HASH 'N' EGG

## EI MIT GEHACKTEM BACON UND KARTOFFELN

Für 6 Personen

Zubereitung: 25 Minuten – Garzeit: 32 Minuten

### ZUTATEN

600 g festkochende Kartoffeln, 4 EL Pflanzenöl, 1 Ei (für die Kartoffeln), 2 EL Weizenmehl, 1 Prise Salz, 150 g geräucherter Bauchspeck, in feine Scheiben geschnitten, 6 Bio-Eier, Meersalz

1. Den Backofen auf 200 °C vorheizen.
2. Die Kartoffeln schälen mit einem Gemüsehobel in sehr feine Scheiben schneiden. Dann mit einem Messer in unregelmäßige dünne Stäbchen schneiden.
3. Das Öl in einer großen Pfanne bei starker Hitze erwärmen. Die Kartoffeln mit dem Ei, Mehl und Salz vermengen, dann im Öl anbraten, bis sie goldbraun sind (das dauert etwa 10 Minuten); dabei immer wieder mit einem Spatel wenden.
4. In der Zwischenzeit den Räucherspeck auf einem Backblech verteilen und 10 Minuten im Ofen rösten. Herausnehmen und in kleine Stücke schneiden.
5. Die gebratenen Kartoffeln in sechs Silikonförmchen oder ofenfeste Schälchen füllen und mit einigen Stückchen Speck belegen. Je ein Ei darüberschlagen, den restlichen Speck darauf verteilen und 12 Minuten backen, bis die Eiweiße gestockt sind.
6. Wer Silikonförmchen verwendet, löst den Inhalt vor dem Servieren mithilfe eines Esslöffels aus der Form. Wer hitzebeständige Förmchen nutzt, kann die Hash 'n' Eggs in der Form servieren und vorher mit einer Messerspitze Meersalz bestreuen.

TIPP: WENN ICH FÜR FREUNDE KOCHE, SERVIERE ICH MEINE HASH 'N' EGGS MIT EINEM EINFACHEN GRÜNKOHLSALAT.

WESTERN BREAKFAST

# SANDWICH

## WESTERN-SANDWICH

Für 4 Personen

Zubereitung: 10 Minuten – Garzeit: 15 Minuten

### ZUTATEN

1 große Zwiebel, 20 g Butter, 300 g Wurstbrät, 1 TL Worcestersauce, 4 EL Weizenmehl, 8 Eier, ½ TL Salz, 4 Muffinbrötchen (siehe Seite 50), 75 g geriebener Cheddar

1. Den Backofen auf 180 °C vorheizen.

2. Die Zwiebel schälen und in Scheiben schneiden. Die Butter in einer gusseisernen Pfanne (Skillet) zerlassen, Zwiebelscheiben zugeben und bei starker Hitze 4 Minuten anbraten; zwischendurch zweimal wenden. Dann die Scheiben auf einen Teller legen.

3. Das Wurstbrät mit der Worcestersauce und 2 Esslöffeln Mehl vermengen. Aus der Masse vier runde Frikadellen formen, die einen etwas größeren Durchmesser als die Muffinbrötchen haben sollten. Mit dem restlichen Mehl bestäuben, dann in der Pfanne bei mittlerer Hitze von jeder Seite 4 Minuten braten, aus der Pfanne nehmen und beiseitestellen. Die Pfanne bei mittlerer Hitze auf dem Herd stehen lassen.

4. In einer großen Schüssel die Eier mit dem Salz verrühren. Die Eiermasse in die heiße Pfanne geben, 30 Sekunden stocken lassen, dann mit einem Kochlöffel umrühren. Die Pfanne mit einem Deckel verschließen und vom Herd nehmen.

5. Die Muffinbrötchen aufschneiden und im Backofen kurz rösten. Jeweils eine Hälfte mit Cheddar bestreuen und 2 Minuten im Ofen überbacken. Dann mit Zwiebel, Frikadellen und Ei belegen. Wer es würziger mag, kann noch Ketchup, Senf oder Tabasco daraufgeben.

### TIPP

Man kann das Western-Sandwich auch mit Brotscheiben oder einem Hamburger-Brötchen (siehe Seite 84) zubereiten.

# GRITS AND EGGS

## EIER & POLENTA

Für 4 Personen

Zubereitung: 15 Minuten – Garzeit: 35–40 Minuten

### ZUTATEN

400 ml Vollmilch, 8 Eier, 100 g süße Sahne, 200 g Polenta, 50 g gesalzene Butter, 1 TL getrockneter Thymian, Salz, Pfeffer aus der Mühle

1. Den Backofen auf 200 °C vorheizen. In einem großen Topf 500 ml Wasser und die Milch mit 1 TL Salz erhitzen. In einer Schüssel zwei Eier mit der Sahne verrühren und beiseitestellen. Die Wasser-Milch-Mischung aufkochen lassen, dann die Polenta unter ständigem Rühren hineinrieseln lassen. Die Butter zugeben und 4 Minuten weiterrühren. Die verquirlten Eier unter die Polenta mengen und so lange weiterrühren, bis die Masse dick und cremig ist.

2. Die Polenta in eine gefettete Auflaufform geben, mit dem Deckel verschließen und zugedeckt im Ofen 20 Minuten backen. Herausnehmen, sechs Mulden in die Polenta drücken und in jede Mulde 1 Ei schlagen. Pfeffern und mit dem Thymian bestreuen. Mit Alufolie abdecken und nochmals für 10–15 Minuten in den Backofen schieben, bis die Eiweiße gestockt sind.

### AM RANDE

»Hominy grits« oder einfach »grits« nennt man einen Griessbrei aus grob gemahlenem weissem Mais, den man aber auch problemlos durch Polenta ersetzen kann. Dieses Gericht indianischen Ursprungs wird heute vor allem zum Frühstück gegessen und ist ausserhalb des »Grits-Gürtels«, also den amerikanischen Südstaaten, wenig bekannt.

# HUEVOS RANCHEROS

TEX-MEX-EIER

Für 4 Personen

Zubereitung: 15 Minuten – Garzeit: 20–25 Minuten

## ZUTATEN

200 g Guacamole (siehe Seite 217), 200 g Salsa (siehe Seite 217), 1 TL gemahlener Kreuzkümmel, 3 EL Olivenöl, 1 große Zwiebel, gehäutet und gehackt, ½ TL Meersalz, 200 g gehackte Tomaten, 100 g schwarze oder rote Bohnen (aus der Dose), 4 Eier, 4 Mais- oder Weizentortillas, geriebener Cheddar oder Emmentaler, 4 TL gehacktes Koriandergrün, 1 Limette, geviertelt, scharfe Chilisauce (z.B. Tabasco), Salz

1. Zunächst die Guacamole und die Salsa zubereiten. Den Kreuzkümmel in einer Pfanne ohne Fett bei kleiner Hitze 4 Minuten rösten. 1 Esslöffel Olivenöl, Zwiebel und Salz zugeben und 4 Minuten weichdünsten. Die Tomaten zugeben und alles weitere 10 Minuten dünsten.
2. In einem kleinen Topf die Bohnen mit 1 Esslöffel Olivenöl erwärmen und beiseitestellen.
3. Den Backofen auf 180 °C vorheizen. Das restliche Olivenöl in einer Pfanne bei mittlerer Hitze erwärmen und die Eier hineinschlagen. 3 Minuten braten, dann die Pfanne abdecken und die Eier noch 1 Minute braten.
4. In der Zwischenzeit die Tortillas mit Käse bestreuen und 2–3 Minuten im Ofen überbacken. Auf vier Tellern oder einer Platte anrichten und jeweils ein Spiegelei auf jede Tortilla geben. Nacheinander etwas Tomatensauce, die Bohnen und 1 gehäuften Esslöffel Guacamole daraufgeben, mit Koriander bestreuen und mit Limettenspalten garnieren.
5. Die Tex-Mex-Eier warm servieren und dazu die restliche Guacamole, die Salsa und die Chilisauce reichen.

TIPP: Das Rezept ist einfach, verlangt aber eine ganze Reihe von Zutaten. Diese sollten unbedingt alle fertig zubereitet sein bzw. bereitstehen, bevor man mit dem eigentlichen Gericht beginnt. Man kann kurz angebratene Chorizo-Stückchen dazugeben oder ein zweites Ei, wenn der Hunger sehr gross ist.

# BISCUITS & GRAVY

## MUFFINBRÖTCHEN & FLEISCHSAUCE

Für 4 Personen

Zubereitung: 30 Minuten (Brötchen), 10 Minuten (Sauce)
Garzeit: 20 Minuten (Brötchen), 27 Minuten (Sauce), man kann die Sauce aber zubereiten, während die Brötchen im Ofen backen

### ZUTATEN

Für die Muffinbrötchen

200 g Weizenmehl (Type 550), 100 g Weizenvollkornmehl, 1 Päckchen Backpulver, ½ TL Fleur de Sel, 100 g gesalzene Butter, 200 ml Buttermilch

Für die Fleischsauce

50 g gesalzene Butter, 2 kleine Schalotten, gehackt, ½ Knoblauchzehe, gehackt, 4 Salbeiblätter, 250 g Wurstbrät oder Geflügelhackfleisch, 2 EL Weizenvollkornmehl, 400 ml kalte Vollmilch, gehackte Petersilie, Salz, Pfeffer aus der Mühle

1. Den Backofen auf 180 °C vorheizen. Die beiden Mehlsorten mit Backpulver und Salz in einer Schüssel gut vermischen. Die Butter klein würfeln, zur Mehlmischung geben und mit einem Handrührgerät oder einer Gabel einarbeiten. Buttermilch zugeben und alles zu einem geschmeidigen Teig verrühren.
(Fortsetzung Seite 53)

2. Den Teig zu einem Rechteck (20 x 30 cm) ausrollen. Die Teigplatte von den Schmalseiten her zur Mitte einschlagen, dann nochmals über die Mitte zusammenfalten, sodass vier Schichten übereinanderliegen. Nochmals ausrollen und ein weiteres Mal auf die gleiche Art zusammenfalten. Wieder ausrollen und mit einer kleinen runden Ausstechform 6–8 Kreise ausstechen. Diese auf einem mit Backpapier ausgelegten Backblech verteilen und 18–20 Minuten backen. Die Brötchen sollen schön aufgehen und sich goldgelb färben.

3. Für die Fleischsauce die Butter in einer Pfanne zerlassen und Schalotten, Knoblauch und Salbei darin bei kleiner Hitze 7 Minuten dünsten. Wurstbrät oder Hackfleisch zugeben und 15 Minuten unter Rühren goldbraun anbraten. Mit dem Mehl bestäuben und alles gut verrühren. Die Milch angießen und die Sauce 5 Minuten unter ständigem Rühren etwas eindicken lassen. Vom Herd nehmen und nach Belieben mit Salz und Pfeffer würzen.

4. Die Fleischsauce über die warmen Brötchen geben und mit etwas gehackter Petersilie bestreuen.

## TIPP

»Gravy« bezeichnet ursprünglich den Bratensaft, der mit Mehl gebunden wird. Hier handelt es sich um eine Art gebundene Sauce, die zu den Brötchen serviert wird. »Gravy« schmeckt aber auch wunderbar zu Nudeln mit gebratenen Champignons und gehackten frischen Kräutern.

## AM RANDE

In Nordamerika sind »Biscuits« keine trockenen Kekse, sondern Brötchen, die durch die Zugabe von Backpulver im Ofen stark aufgehen. Sie werden häufig zum Frühstück serviert oder aber zum Mittagessen mit Fleisch- oder Geflügelsaucen. Für Amerikaner sind »Biscuits & Gravy« ein echtes Wohlfühlessen.

PEANUT BUTTER

# GRANOLA

## GRANOLA MIT SELBST GEMACHTER ERDNUSSBUTTER

Für ein 1-Liter-Gefäß

Zubereitung: 15 Minuten – Garzeit: 20 Minuten

### ZUTATEN

50 g geröstete Erdnusskerne, 200 g kernige Haferflocken, 100 g Getreideflocken nach Wahl (z.B. Dinkelflocken, Reisflocken oder eine Mischung), 50 g Puffquinoa oder Puffreis, 75 g Mandelblättchen, 150 g Honig, 150 g brauner Rohrzucker, 100 g Butter, 200 g selbst gemachte Erdnussbutter (siehe Seite 55)

1. Den Backofen auf 180 °C vorheizen. Die Hälfte der Erdnusskerne mit einem Messer grob hacken.
2. In einer Schüssel die gehackten und ganzen Erdnusskerne mit den Haferflocken, den anderen Getreideflocken, Puffquinoa oder Puffreis sowie den Mandelblättchen vermengen.
3. Honig, Zucker, Butter und Erdnussbutter in einem kleinen Topf erwärmen, bis der Zucker geschmolzen ist und die Masse flüssig wird. Zu den trockenen Zutaten geben und alles mit einem Kochlöffel gut verrühren.
4. Das Granola auf zwei mit Backpapier ausgelegten Backblechen verteilen und 20 Minuten backen. Dabei alle 4 Minuten durchmischen.
5. Das Granola vollständig abkühlen lassen, dann in ein luftdicht verschließbares Gefäß geben.

### TIPP

Wer keine Erdnussbutter mag, kann das Granola auch mit Mandel-, Haselnuss- oder Cashewmus oder mit Sesampaste zubereiten.

# CRUNCHY PEANUT BUTTER

SELBST GEMACHTE ERDNUSSBUTTER

Für ein 400-ml-Glas

Zubereitung: 10 Minuten

## ZUTATEN

200 g geröstete und gesalzene Erdnusskerne, 1 EL Erdnuss- oder Olivenöl, 1 TL Honig

Die Zutaten in einer Küchenmaschine oder im Standmixer zu einer klebrigen, noch leicht stückigen Masse verarbeiten. In einem verschließbaren Glas aufbewahren.

## TIPP

Etwas mehr Honig nehmen, wenn man die Erdnussbutter schön süss mag. Um eine geschmeidigere Konsistenz zu erhalten, einfach etwas mehr Öl unterrühren.

Das Granola meiner Tante Sara schmeckt nicht nur zum Frühstück. Viele Amerikaner haben im Auto immer einen Snack für den kleinen Hunger zwischendurch – so auch meine Mutter.

## AUNT SARA'S
# CHERRY GRANOLA

TANTE SARAS KIRSCH-GRANOLA

Für ein 1-Liter-Gefäß

Zubereitung: 15 Minuten – Garzeit: 30 Minuten

### ZUTATEN

120 g Butter (gesalzen oder ungesalzen), 300 g Honig, 8 Tropfen Bittermandelaroma, 400 g kernige Haferflocken, 75 g Pistazienkerne, 75 g Mandelblättchen, 100 g getrocknete Kirschen

1. Den Backofen auf 160 °C vorheizen. Die Butter mit dem Honig und dem Bittermandelaroma in einem kleinen Topf bei kleiner Hitze zerlassen. Alles gut vermischen und beiseitestellen.

2. Haferflocken, Pistazienkerne und Mandelblättchen in einer Schüssel vermengen. Die Honig-Butter-Mischung zugeben und alles gut verrühren. Das Granola auf einem mit Backpapier ausgelegten Backblech verteilen und 30 Minuten im Ofen goldgelb rösten. Während des Backens dreimal durchmengen. Aus dem Ofen nehmen und vollständig abkühlen lassen.

3. In der Zwischenzeit die Hälfte der Kirschen grob hacken. Das Granola in Stücke brechen und mit den gehackten und den ganzen Kirschen vermengen.

### TIPP

Das Granola hält sich in einem luftdicht schliessenden Gefäss bei Raumtemperatur zwei Wochen. Wer es länger aufbewahren möchte, füllt es portionsweise in kleine Gefrierbeutel und friert es ein.

**AM RANDE**

Meine Tante ist die Granola-Königin des Mittleren Westens. Wenn sie am Wochenende auf dem Markt in ihrer Heimatstadt ihr Granola verkauft, stehen die Leute Schlange. Wenn ich auf Besuch bin, verwöhnt sie mich damit. Mein eigenes Kirsch-Granola ist als Mitbringsel bei meinen Freundinnen sehr beliebt.

# BLUEBERRY MUFFINS

BLAUBEERMUFFINS

Für 8 große Muffins

Zubereitung: 20 Minuten – Garzeit: 20–25 Minuten

## ZUTATEN

100 g Butter, zerlassen, 240 g Kristallzucker, brauner Rohrzucker oder Muscovado-Zucker + 1 EL zum Bestreuen, 2 Eier, 150 ml Vollmilch, 300 g Weizenmehl, 1½ Päckchen Backpulver, 200 g frische Blaubeeren, 2 EL Haferflocken (nach Belieben), Öl oder Papierförmchen für das Muffinblech

1. Den Backofen auf 230 °C vorheizen. Butter und Zucker in einer Schüssel verrühren, Eier und Milch zugeben und alles gut verrühren.
2. In einer weiteren Schüssel das Mehl mit dem Backpulver gut vermengen. Zu den flüssigen Zutaten sieben und mit einem Kochlöffel unterheben. Nicht zu lange rühren – die Masse muss nicht ganz homogen sein.
3. Ein Muffinblech mit Papierförmchen auslegen oder mit dem Öl fetten. Den Teig mit einem Löffel in die Förmchen geben, bis diese etwa halb voll sind. Die Hälfte der Blaubeeren darauf verteilen, dann den restlichen Teig darübergeben und zum Schluss die übrigen Blaubeeren darauf verteilen. Mit Haferflocken, falls verwendet, und dem restlichen Zucker bestreuen.
4. Die Muffins 7–8 Minuten bei 230 °C backen, dann die Temperatur auf 180 °C reduzieren und nochmals 13–18 Minuten backen. Die Muffins sind fertig, wenn sie aufgegangen und goldgelb sind.

### TIPP

STATT MIT BLAUBEEREN KANN MAN DIE MUFFINS AUCH MIT APFEL- ODER BANANENSTÜCKCHEN ODER MIT BROMBEEREN ZUBEREITEN.

# OATMEAL

## HAFERBREI

4 große Schalen (für 4 Personen)

Zubereitung: 5 Minuten – Garzeit: 10 Minuten

### ZUTATEN

100 g kernige Haferflocken, 250 ml Vollmilch, 50 g Muscovado-Zucker oder Vollrohrzucker, ½ TL gemahlener Zimt, ⅛ TL geriebene Muskatnuss, ½ Vanilleschote, Mark ausgekratzt, oder 2 TL Vanilleextrakt (siehe Seite 219), 100 g süße Sahne, Haselnusskerne (nach Belieben), Rosinen (nach Belieben), Ahornsirup (nach Belieben)

1. Haferflocken, Milch, 200 ml Wasser, Zucker und Gewürze in einen Topf geben. Aufkochen und 10 Minuten bei kleiner Hitze köcheln lassen. Dabei regelmäßig umrühren, damit der Haferbrei nicht ansetzt.
2. Warm mit einem Schuss Sahne servieren und nach Belieben Haselnusskerne, Rosinen und Ahornsirup darübergeben.

### TIPP

Damit der Haferbrei noch cremiger wird, die Hälfte der Milch durch Sahne ersetzen. Dann ist es fast ein Dessert.

**AM RANDE**

Im Norden der USA bezeichnet der Begriff oatmeal sowohl die Haferflocken selbst als auch den fertigen Brei. In Europa kennt man den Brei eher unter dem Namen Porridge. Ich bereite dieses oatmeal mindestens zweimal pro Woche für meine Töchter zu. Den Zucker ersetze ich dabei durch eine zerdrückte Banane.

# BAGELS

Für 12 große Bagels

Zubereitung: 40 Minuten – Ruhezeit: 2 Stunden 10 Minuten
Garzeit: etwa 35 Minuten (einschließlich Garzeit im Ofen)

## ZUTATEN

20 g frische Hefe, 750 g Weizenmehl, 75 g Kristallzucker, 4 TL grobes Meersalz, 4 EL Olivenöl, 1 TL Backnatron oder Backpulver, 1 Eiweiß, 2 EL Mohnsamen, Sesamsamen oder Fleur de Sel (nach Belieben) zum Bestreuen

1. Die Hefe in 525 ml lauwarmem Wasser auflösen und 10 Minuten ruhen lassen.

2. Mehl, Zucker und 3 Teelöffel Salz in einer großen Schüssel vermengen. Die aufgelöste Hefe dazugeben und mit einem Kochlöffel alles gut verrühren, dann 5 Minuten mit den Händen kneten. Der Teig sollte homogen und geschmeidig sein, aber nicht an den Fingern kleben.

3. Den Teig zu einer Kugel formen. Die Hälfte des Olivenöls in eine weitere Schüssel geben und den Teig darin wenden, bis er vollständig von Öl überzogen ist. Die Schüssel mit einem Geschirrtuch abdecken und den Teig an einem warmen Ort 30 Minuten gehen lassen.

4. Aus dem Teig zwölf kleine Kugeln formen und diese zu Würsten rollen (ca. 15 cm lang). Die beiden Enden zusammendrücken und dabei darauf achten, dass in der Mitte ein Loch bleibt. Die Teigringe auf einem mit Backpapier ausgelegten Backblech verteilen.

5. Die Bagels mit dem restlichen Olivenöl bestreichen, das Blech mit einem sauberen Geschirrtuch abdecken und 1 Stunde ruhen lassen.

6. Den Backofen auf 250 °C vorheizen. In einem großen Topf 4 Liter Wasser aufkochen und das Backnatron oder Backpulver sowie das restliche grobe Salz zugeben. Dann die Hitze reduzieren, bis das Wasser nur noch köchelt. Drei oder vier Bagels gleichzeitig ins Wasser gleiten lassen, 1 Minute ziehen lassen, dann wenden und nochmals 30 Sekunden ziehen lassen. Mit einem Schaumlöffel herausheben, abtropfen lassen und auf ein mit Backpapier ausgelegtes Blech geben.

7. Das Eiweiß mit 1 Esslöffel Wasser verquirlen, die Bagels damit bestreichen und nach Belieben mit Mohnsamen, Sesamsamen oder Fleur de Sel bestreuen.

8. Die Ofentemperatur auf 230 °C reduzieren und die Bagels 20–25 Minuten backen. Nach der Hälfte der Backzeit das Blech wenden. Wenn die Bagels zu braun werden, mit Alufolie abdecken. Vor dem Servieren 30 Minuten ruhen lassen.

TIPP

Die Bagels aufschneiden, auf dem Toaster rösten und mit einem sehr cremigen Frischkäse bestreichen. Ich persönlich belege sie gern noch mit etwas fein gehackter roter Zwiebel, Gurkenscheiben oder Schnittlauchröllchen und bestreue sie mit ein wenig Fleur de Sel.

Ruhig die doppelte Rezeptmenge zubereiten: Bagels lassen sich wunderbar einfrieren.

MY MOTHER'S

# FRENCH TOAST

## ARME RITTER NACH ART MEINER MUTTER

8–10 Scheiben (für 4 Personen)

Zubereitung: 15 Minuten – Ruhezeit: 30 Minuten
Garzeit: 30–40 Minuten

### ZUTATEN

400 g Brioche, 120 g Butter, 200 g Muscovado-Zucker (siehe Seite 180), 6 Eier, 500 ml Vollmilch, 1 TL Vanillemark, 1 TL gemahlener Zimt (nach Belieben), klein geschnittene Früchte der Saison (nach Belieben), Schlagsahne (nach Belieben), 4 EL Ahornsirup (nach Belieben)

1. Die Brioche in Scheiben schneiden und im Backofen oder auf dem Toaster leicht rösten. Beiseitelegen.

2. Butter und Zucker in einem Topf bei kleiner Hitze erwärmen, bis ein Sirup entsteht. Die Eier mit Milch und Vanillemark in einer Schüssel verrühren. Den Sirup in einer viereckigen Auflaufform (etwa 30 x 40 cm) verteilen. Die Brioche-Scheiben darauflegen, mit der Eiermischung übergießen und 20 Minuten durchziehen lassen.

3. Den Backofen auf 180 °C vorheizen. Die Auflaufform in den Ofen schieben und die Armen Ritter 30–40 Minuten backen, bis die Flüssigkeit gut aufgesogen ist. Aus dem Ofen nehmen und 10 Minuten abkühlen lassen.

4. Die Armen Ritter in Quadrate schneiden und auf den Tellern verteilen. Nach Belieben mit Zimt bestäuben und mit Früchten der Saison, Schlagsahne und/oder Ahornsirup servieren.

### TIPP

Wenn wir viele Gäste zum Brunch haben, bereitet meine Mutter die Armen Ritter schon am Vorabend zu und wärmt sie vor dem Servieren, abgedeckt mit Alufolie, 15 Minuten im Backofen auf.

Carrie's

SANDWICHES

CLUB SANDWICH

MEATBALL SUB

all kinds of burgers

Hot Dog

REUBEN

BLT

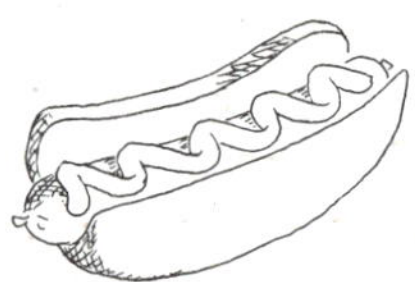

# A few hot-dog rules

Ein paar Hotdog-Regeln

### Die Würste

Entscheidend ist die Qualität der Zutaten. Nicht auf Dosenwaren zurückgreifen, sondern unbedingt hochwertige Wiener Würstchen beim Metzger des Vertrauens kaufen! Diese zunächst 3–5 Minuten in köchelndem (nicht in kochendem) Wasser oder auf einem sehr heißen Grill erwärmen.

### Köstlicher Barbecue-Geschmack

Wer keinen Grill besitzt, aber den typischen Grillgeschmack imitieren will, erhitzt eine gusseiserne Grillpfanne mit ein wenig Öl. Dann die Würste aus dem Wasser nehmen, mit Küchenpapier trockentupfen und 1–2 Minuten in der Pfanne anbraten.

### Knusprig oder weich?

Manche mögen das Hotdog-Brötchen lieber knusprig, andere lieber weich. Beides ist in Ordnung. Wer es lieber knusprig mag, bäckt sie 1–2 Minuten im vorgeheizten Backofen bei 180 °C. Wer die Brötchen weich mag, legt sie einfach 10–20 Sekunden in die Mikrowelle.

Die Zubereitung eines anständigen Hotdogs beginnt grundsätzlich mit der Wurst: Die anderen Beläge werden immer erst zugegeben, nachdem die Wurst im Brötchen liegt. Auf keinen Fall das Brötchen mit was auch immer bestreichen! Das Belegen erfolgt in dieser Reihenfolge:

1. Würstchen
2. Senf, Chilisauce oder Ketchup
3. Pickles
4. Zuletzt kommen Zwiebeln, geriebener Käse, Sesamsamen, Selleriesalz...

## MAIS-HOTDOGS

Für 4 Mais-Hotdogs

Zubereitung: 30 Minuten – Ruhezeit: 1 Stunde
Garzeit: 12–15 Minuten

### ZUTATEN

250 ml Vollmilch, 1 Päckchen Trockenhefe, 170 g Instant-Polenta, 2 EL Olivenöl, 50 g Butter, 1 EL Kristallzucker, 200 g Weizenmehl, 1 TL Salz, ½ Päckchen Backpulver, 4 Wiener Würstchen, 1 Ei, 2 EL Mohnsamen

1. Die Milch mit der Trockenhefe leicht erwärmen. In einer großen Schüssel die Polenta mit dem Öl, der Butter und dem Zucker vermengen. Die warme Milch zugeben und alles gut verrühren.

2. In einer weiteren Schüssel das Mehl mit Salz und Backpulver gut vermischen. Zur Polentamischung sieben und alles gründlich verkneten. Den Teig zu einer Kugel formen, in Frischhaltefolie einschlagen und 1 Stunde im Kühlschrank ruhen lassen.

3. Den Teig in vier gleichgroße Portionen teilen. Den Backofen auf 180 °C vorheizen. Die Teigportionen zu 4–5 cm breiten Rechtecken ausrollen. Je ein Würstchen auf das schmale Ende eines Rechteckes legen und mitsamt dem Teig einrollen. Die Ränder von Hand verschließen.

4. Das Ei versquirlen, die Corn Dogs darin wenden und auf ein mit Backpapier belegtes Backblech legen. Mit Mohnsamen bestreuen, das Blech in den Ofen schieben und die Corn Dogs 12–15 Minuten goldbraun backen. Mit selbst gemachtem Senf servieren (siehe Seite 218).

Foto zum Rezept siehe folgende Seite

CORN DOGS
ITALIAN $6.00
POLISH $6.00
HOT DOG $4.00
CORN DOG $ .00
CHIPS $ .00
LOADED CHIPS $ .00
SMALL POP $2.00
LARGE POP $3.00
PEPSI
HOMEMADE BUNS

## CHICAGO-STYLE

# HOT-DOGS

HOTDOGS NACH CHICAGOER ART

Für 4 Hotdogs

Zubereitung: etwa 15 Minuten

### ZUTATEN

4 Hotdog-Brötchen (siehe Seite 84), 1 TL Mohnsamen,
4 Wiener Würstchen, selbst gemachter Senf (siehe Seite 218),
4 EL Relish (siehe Seite 219), 1 Tomate, in Scheiben geschnitten,
4 eingelegte Gurken (siehe Seite 219), 8 eingelegte Paprikaschoten,
½ Zwiebel, gehackt, ½ TL Selleriesalz

1. Die Brötchen vor dem Backen mit den Mohnsamen bestreuen.
2. Die Brötchen und alle Beläge im Voraus zubereiten und erst dann die Hotdogs belegen (das ist äußerst wichtig). Die Würstchen und die Brötchen nach Belieben erwärmen (siehe Hotdog-Regeln Seite 68) und die Hotdogs mit Senf, etwas Relish, 2–3 halben Tomatenscheiben, einer eingelegten Gurke, zwei eingelegten Paprika, gehackten Zwiebeln und einer Messerspitze Selleriesalz anrichten.

### AM RANDE

In Chicago kommen Tomatenscheiben auf den Hotdog, niemals Ketchup! Wer hier den Hotdog mit Ketchup verlangt, tut das auf eigene Gefahr.

# BIO DOGS

Für 4 Bio-Dogs

Zubereitung: 20 Minuten – Ruhezeit: 30 Minuten – Garzeit: 6 Minuten

ZUTATEN

4 Hotdog-Brötchen (siehe Seite 84), 4 Wiener Würstchen (in Bio-Qualität), Bioketchup oder selbst gemachter Ketchup (siehe Seite 218), selbst gemachter Senf (siehe Seite 218), 4 eingelegte Gurken (siehe Seite 219), Sesamsamen

FÜR DIE FRITTIERTEN SCHALOTTEN

4 große Schalotten, 250 ml Vollmilch, 50 ml Pflanzenöl zum Frittieren, 260 g Weizenmehl, 1 TL Salz

1. Die Brötchen und alle Beläge im Voraus zubereiten und erst dann die Hotdogs belegen (das ist äußerst wichtig). Die Würstchen und die Brötchen nach Belieben erwärmen (siehe Hotdog-Regeln Seite 68), die Hotdogs mit den verschiedenen Belägen und den frittierten Schalotten anrichten und sofort servieren.

2. Für die frittierten Schalotten diese in feine Ringe oder kleine Würfel schneiden und 30 Minuten in der Milch einlegen. Abgießen und Milch wegschütten.

3. Das Öl in einer Pfanne erhitzen. Mehl und Salz in einer großen Schüssel gut vermischen und die Hälfte der Schalotten im Mehl wenden. In ein Sieb geben, überschüssiges Mehl durch Rütteln entfernen und die Schalotten dann portionsweise 2–3 Minuten im heißen Öl goldbraun frittieren. Mit einem Schaumlöffel herausheben und auf Küchenpapier abtropfen lassen. Den Vorgang mit den restlichen Schalotten wiederholen.

AM RANDE

WENN ICH BIO-DOGS AM STAND VERKAUFE, BEREITE ICH IMMER RIESIGE MENGEN ZU, DENN DIE MEISTEN KUNDEN ESSEN MEHR ALS EINEN. AM ERSTEN TAG HABE ICH FAST 500 STÜCK VERKAUFT.

IO-Dogs
w/ketchup
gros Pickle
OIGNONS
SUMMER
Coriandre,
Salade de
+ Moutarde
Pickle

# CHILI DOGS

aus Detroit

Für 4 Chilidogs

Zubereitung: etwa 15 Minuten

## ZUTATEN

4 Hotdog-Brötchen (siehe Seite 84), 4 Wiener Würstchen, 400 g Chili con Carne (siehe Seite 145), 60 g geriebener Cheddar, ½ Zwiebel, gehackt, selbst gemachter Senf (siehe Seite 218), 4 eingelegte Gurken (siehe Seite 219) oder Pommes frites zum Servieren

Die Brötchen und alle Beläge im Voraus zubereiten und erst dann die Hotdogs belegen (das ist äußerst wichtig). Die Würstchen und die Brötchen nach Belieben erwärmen (siehe Hotdog-Regeln Seite 68) und die Hotdogs der Reihenfolge nach mit einigen Esslöffeln Chili con Carne, Käse und gehackten Zwiebeln belegen und mit Senf bestreichen. Mit eingelegten Gurken und/oder Pommes frites servieren.

## TIPP

Am liebsten mag ich es, wenn die Brötchen für die Chili dogs vorher auf einem Grill oder in einer Grillpfanne geröstet werden. Der leckere Grillgeschmack erinnert mich an meine Kindheit im Mittleren Westen.

## AM RANDE

Chili dogs sind eine Spezialität aus Detroit, der Stadt, in der ich geheiratet habe. Mein Hochzeitsempfang fand in einem Bowlingcenter im Zentrum statt. Auf der Speisekarte standen Hamburger und Hotdogs.

# FRENCH (SEASONED OR NOT) FRIES

POMMES FRITES (MIT ODER OHNE GEWÜRZE)

Für 4 Personen

Zubereitung: 20 Minuten – Ruhezeit: 20 Minuten
Garzeit: etwa 30 Minuten insgesamt

## ZUTATEN

1 kg Kartoffeln (vorzugsweise der Sorten Bintje oder Mona Lisa),
1 l Pflanzenöl

1. Die Kartoffeln waschen und trocknen. Sie müssen nicht geschält werden, es sei denn, man mag die Pommes lieber ohne Schale.

2. Die Kartoffeln in 1 cm dicke Scheiben, dann jede Scheibe in 1 cm breite Stäbchen schneiden. In eine große Schüssel geben und 2 Minuten lang unter fließend kaltem Wasser abspülen. Dann die Kartoffelstäbchen mindestens 20 Minuten im kalten Wasser stehen lassen.

3. Das Öl in einem hohen Topf oder einer Fritteuse auf 180 °C erhitzen. Die Kartoffelstäbchen abtropfen lassen, auf ein Geschirrtuch geben und sorgfältig abtrocknen. Ein Kartoffelstäbchen ins Öl geben, um zu testen, ob es heiß genug ist: Wenn Bläschen aufsteigen, kann es losgehen.

4. Die Kartoffelstäbchen portionsweise 5–8 Minuten goldgelb frittieren, dabei von Zeit zu Zeit wenden. Mit einem Schaumlöffel aus dem heißen Öl heben und auf Küchenpapier abtropfen lassen. Mindestens 5 Minuten warten, dann die Kartoffelstäbchen noch einmal in kleinen Portionen ins heiße Öl geben, bis sie appetitlich goldbraun gefärbt sind. Diesen Vorgang mit den restlichen Kartoffelstäbchen wiederholen. Abtropfen lassen, mit Salz oder einer Gewürzmischung (siehe folgendes Rezept) bestreuen und sofort servieren.

### TIPP

Das Geheimnis guter Pommes liegt im zweifachen Frittieren. In den USA werden Pommes frites häufig mit einer bestimmten Gewürzmischung bestreut – das Rezept dazu steht auf der nächsten Seite.

# FRENCH FRY SEASONING

## GEWÜRZMISCHUNG FÜR POMMES FRITES

Für etwa 6 kg Pommes frites

Zubereitung: 5 Minuten

### ZUTATEN

3 TL Knoblauchpulver
3 TL Zwiebelpulver
3 TL geräuchertes Paprikapulver
1 TL Selleriesalz
1 TL Cayennepfeffer
2 TL Salz

Alle Zutaten gut vermischen und in einem kleinen, verschließbaren Glas an einem dunklen Ort aufbewahren. 2 Teelöffel Gewürzmischung reichen für 1 Kilo Kartoffeln. Die Pommes frites nach dem ersten Frittieren würzen und erst dann ein zweites Mal frittieren.

### TIPP

Geräuchertes Paprikapulver stammt aus Spanien. Man findet es unter dem Namen Pimentón de la Vera in Feinkostläden, spanischen Spezialitätengeschäften oder im Internet.

JOE'S
FRIENDLY
TAVERN
FOOD
AND
SPIRITS

# MEATBALL SUB SANDWICH

SANDWICH MIT FLEISCHBÄLLCHEN

Für 4 Sandwiches

Zubereitung: 35 Minuten – Garzeit: 27 Minuten
(hinzu kommt die Zubereitungszeit für die Brötchen)

ZUTATEN

4 Brötchen (siehe Seite 84), 100 g frische Brotkrumen, 150 ml Vollmilch, 2 Knoblauchzehen, 200 g Kalbshackfleisch, 200 g Rinderhackfleisch, 150 g Wurstbrät, 1 Ei, 1 TL Salz + ½ TL für die Tomaten, 2 EL Olivenöl, 2 Paprikaschoten, 400 g geschälte und gehackte Tomaten (frisch oder aus der Dose), ½ TL getrockneter Thymian, 60 g geriebener Cheddar

1. Zunächst den Teig für die Brötchen zubereiten (nach einer der beiden Rezeptvarianten). Zu vier länglichen Brötchen formen und nach Rezeptanweisung backen.

2. Die Brotkrumen 5 Minuten in der Milch einweichen. In der Zwischenzeit den Knoblauch schälen und hacken. Eine Hälfte beiseitestellen, die andere in eine Schüssel geben. Hackfleisch, Wurstbrät, Ei und Salz dazugeben. Das eingeweichte Brot abtropfen lassen, zerpflücken und zu der Fleischmischung geben. Alle Zutaten in der Schüssel mit den Fingern gründlich vermengen. Aus der Masse 16–20 kleine Bällchen (2–3 cm Ø) formen und auf einen Teller legen.

3. Das Öl in einer tiefen Pfanne bei mittlerer Hitze erwärmen, dann die Fleischbällchen hineingeben und darauf achten, dass sie nicht aneinanderkleben. 20 Minuten braten und dabei regelmäßig wenden. Die Paprikaschoten in feine Streifen schneiden und am Ende des Garvorgangs zu den Fleischbällchen geben.

4. In der Zwischenzeit die Tomaten mit dem restlichen Knoblauch, Salz und Thymian in einem kleinen Topf 10 Minuten lang köcheln lassen.

5. Den Backofengrill auf 230 °C vorheizen. Die Brötchen aufschneiden und 4–5 Fleischbällchen hineingeben (Paprikastreifen noch zurückbehalten). Mit der Tomatensauce übergießen und mit Käse bestreuen. Die Sandwiches auf ein mit Alufolie ausgelegtes Backblech geben und im Ofen 5–7 Minuten rösten. Mit Paprikastreifen belegen und sofort servieren.

TIPP: Immer mehr als 16 Fleischbällchen zubereiten! Den Rest kann man für eine andere Gelegenheit einfrieren.

## AM RANDE

Das Sub – Kurzform für Submarine Sandwich – wird mit einem länglich geformten italienischen Brötchen (das an ein U-Boot erinnert) oder einem Baguette zubereitet. Es wird mit unterschiedlichen Zutaten belegt (z.B. kaltem Braten, Käse, Gemüse, Salat, Gewürzen, Saucen …), die übereinander geschichtet werden. Das Sub ist auch unter anderen Namen bekannt: In New York heisst es Hero, in Philadelphia wird es Hoagie genannt, in anderen Regionen kennt man es als Grinder, Rocket, Po'Boy (Louisiana), Torpedo oder einfach als italienisches Sandwich.

SUPERFAST HAMBURGER AND HONEY

# HOT-DOG BUNS

## SUPERSCHNELLE HAMBURGER- UND HOTDOG-BRÖTCHEN MIT HONIG

Für 6 große oder 12 kleine Brötchen

Zubereitung: 20 Minuten – Ruhezeit: 25 Minuten
Garzeit: 11–17 Minuten (je nach Größe)

### ZUTATEN

1 TL Olivenöl, 2 Päckchen Trockenhefe, 80 g Butter, zerlassen, 50 g Honig, 2 Eier, 1 TL Salz, 500–550 g Pizzamehl oder Weizenmehl (Type 550), 1 TL Sesamsamen, Leinsamen oder Mohnsamen (nach Belieben)

1. Den Backofen auf 220 °C vorheizen. Ein Backblech mit Olivenöl bestreichen.

2. Die Trockenhefe in 25 ml warmes Wasser rühren und 5 Minuten ruhen lassen. Butter und Honig einrühren und nochmals 5 Minuten ruhen lassen. Ein Ei trennen. Salz, ein Ei und ein Eigelb mit der Hefemischung verrühren. Das Eiweiß beiseitestellen.

3. Das Mehl in eine Schüssel geben, die Hefemischung dazugeben und mit den Fingern zu einem geschmeidigen Teig verkneten. Bei Bedarf noch ein wenig Mehl zugeben, bis der Teig nicht mehr an den Händen klebt.

4. Aus dem Teig zwölf kleine (oder sechs große) Bällchen formen und auf dem Backblech verteilen. Mit einem Geschirrtuch abdecken und 15 Minuten gehen lassen.

5. Das Eiweiß verquirlen und die Brötchen damit bestreichen. Nach Belieben mit Sesam-, Lein- oder Mohnsamen bestreuen und etwa 11–12 Minuten im Ofen backen (15–17 Minuten bei größeren Brötchen).

### TIPP

Die Brötchen ruhig einfrieren, dann kann man, wann immer man will, einen schnellen Burger oder Hotdog zubereiten! Wer lieber Vollkornbrötchen mag, ersetzt einfach die Hälfte des weissen Mehls durch Vollkornmehl.

# BARBECUED CHICKEN BURGERS

## GEGRILLTE HÄHNCHENBURGER

Für 4 Burger

Zubereitung: 15 Minuten – Garzeit: 20 Minuten (hinzu kommt die Zubereitungszeit für die Brötchen)

### ZUTATEN

4 Hamburger-Brötchen (siehe Seite 84), 600 g Hähnchenhackfleisch, 50 g zarte Haferflocken, 5 EL Paniermehl, 1 Ei, 1 Knoblauchzehe, gehackt, 1 EL gehackte Zwiebeln, ½ TL Salz, 6 EL Barbecuesauce (siehe Seite 217), 2 TL Olivenöl Mayonnaise, Senf, geröstete Zwiebeln und Salatblätter (nach Belieben) zum Servieren

1. Den Backofengrill auf 250 °C vorheizen. Hackfleisch, Haferflocken, Paniermehl, Ei, Knoblauch, Zwiebeln, Salz und 2 Esslöffel Barbecuesauce gründlich vermengen.

2. Aus der Masse vier flache Burger (10 cm Ø) formen. Ein Backblech mit Alufolie auslegen, mit etwas Olivenöl einstreichen, in den Ofen schieben und die Burger von jeder Seite 10 Minuten backen.

3. Die Burger in die aufgeschnittenen Brötchen legen und mit der restlichen Barbecuesauce beträufeln. Nach Belieben mit Mayonnaise oder Senf bestreichen oder mit gerösteten Zwiebeln und einigen Salatblättern belegen. Sofort servieren.

### TIPP

Ich habe meinen Fleischer so oft gebeten, mir Hähnchenfleisch zu hacken, dass er sich schliesslich eine spezielle Maschine zugelegt hat, mit der er alle Fleischsorten ausser Rindfleisch hackt. Manchmal muss man einfach nur fragen! Dieses Rezept schmeckt auch mit gehacktem Putenfleisch sehr gut.

# CHEESEBURGERS

Für 4 Cheeseburger

Zubereitung: 25 Minuten – Garzeit: etwa 5 Minuten (hinzu kommt die Zubereitungszeit für die Brötchen)

## ZUTATEN

4 Hamburger-Brötchen (siehe Seite 84), 600 g Rinderhackfleisch, 1 Knoblauchzehe, fein gehackt, 2 TL Dijon-Senf, 1 TL Worcestersauce, 1 TL Salz, 1 TL frisch gemahlener Pfeffer, 300 g Cheddar in Scheiben, Butter, Olivenöl,
Tomaten- und Zwiebelscheiben, Salatblätter und Saucen (siehe Saucenrezepte Seite 217) zum Servieren

1. Zunächst die Hamburger-Brötchen zubereiten. Dann das Hackfleisch mit Knoblauch, Senf, Worcestersauce, Salz und Pfeffer mit den Fingern vorsichtig vermengen. Die Fleischmasse sollte homogen sein, aber nicht zu stark durchgeknetet werden. Aus der Masse vier flache Burger formen. Darauf achten, dass die Burger etwas größer sind als die Brötchen, denn beim Garen schrumpfen sie noch zusammen.
2. Den Backofengrill vorheizen.
3. Eine gusseiserne Grillpfanne oder eine normale Pfanne mit einem Stückchen Butter und 1 Teelöffel Olivenöl erhitzen. Die Burger darin 1–2 Minuten braten, dann wenden, mit Käse belegen und noch einmal nach Belieben 1–3 Minuten braten.
4. In der Zwischenzeit die Brötchen aufschneiden, mit etwas Butter bestreichen und im Ofen aufbacken.
5. Die Brötchen mit den Frikadellen belegen und mit Tomaten- und Zwiebelscheiben, Salatblättern und natürlich Saucen servieren.

TIPP

Für dieses Rezept den Metzger bitten, eine ausreichende Menge Rinderfett zum Rindfleisch zu geben, bevor er es durch den Fleischwolf dreht. Ein Burger mit zu wenig Fett wird staubtrocken. Wer beim Käsehändler keinen guten Cheddar bekommt, kann auch einen alten Gouda oder Emmentaler nehmen. Wichtig: keinen vorgeschnittenen, industriell hergestellten Käse verwenden. Man schmeckt den Unterschied!

# SLOPPY JOES

## BURGER MIT SCHMORRIPPE

Für 4 Burger

Zubereitung: 20 Minuten – Garzeit: 2 Stunden 45 Minuten (hinzu kommt die Zubereitungszeit für die Brötchen)

### ZUTATEN

4 Hamburger-Brötchen (siehe Seite 84), 1,2 kg Rinderschmorrippe in Stücken, 200 ml Barbecuesauce (siehe Seite 217), 100 g passierte Tomaten, 2 Frühlingszwiebeln, nur der grüne Teil gehackt, Senf (siehe Seite 218), Salz, Pfeffer aus der Mühle

1. Zunächst die Hamburger-Brötchen zubereiten.
2. Den Backofen auf 230 °C vorheizen.
3. Die Schmorrippen in einen Schmortopf geben, Barbecuesauce und Tomaten zugeben und 15 Minuten ohne Deckel im Ofen garen. Die Fleischstücke wenden und weitere 10 Minuten garen. Den Topf mit einem Deckel verschließen, die Temperatur auf 190 °C reduzieren und das Fleisch nochmals etwa 2 Stunden garen, bis es sich leicht von den Knochen löst.
4. Den Schmortopf aus dem Ofen nehmen, das Fleisch von den Knochen lösen und klein schneiden. Zurück in den Topf geben und 100 ml Wasser zugeben, um den Bratensaft zu lösen. 15 Minuten bei kleiner Hitze köcheln, bis eine sämige Sauce entstanden ist. Mit Salz und Pfeffer würzen.
5. Das Fleisch in die aufgeschnittenen Brötchen geben, mit Frühlingszwiebeln und Senf garnieren und sofort servieren.

# CALIFORNIA CLUB

club sandwich

KALIFORNISCHES CLUBSANDWICH

Für 4 Sandwiches

Zubereitung: 25 Minuten – Ruhezeit: 15 Minuten
Garzeit: 25 Minuten

## ZUTATEN

250 g Hähnchenbrust, 1 TL grobes Meersalz, 120 g Räucherspeck, in ca. 8 feine Scheiben geschnitten, 100 g selbst gemachte Mayonnaise (siehe Seite 218), abgeriebene Schale von ¼ Bio-Zitrone, 10 Stängel Schnittlauch, fein gehackt, 2 reife Avocados, 4 kleine Tomaten, 8 Salatblätter (z. B. Kopfsalat), 12 Scheiben Vollkorntoast, Salz

1. Den Backofengrill auf 250 °C vorheizen. Die Hähnchenbrust in einen Topf legen, Salz zugeben, 1 Liter Wasser angießen und aufkochen lassen. Die Hitze reduzieren und 10 Minuten köcheln lassen. Dann den Topf mit einem Deckel verschließen, vom Herd nehmen und 15 Minuten stehen lassen. Das Fleisch aus dem Topf heben und trocken tupfen.
2. Den Räucherspeck in einer ofenfesten Form verteilen und 10 Minuten im Ofen rösten. Wenden und weitere 5 Minuten rösten.
3. In der Zwischenzeit die Mayonnaise mit der Zitronenschale, dem gehackten Schnittlauch und einer Messerspitze Salz verrühren. Die Avocados schälen, entkernen und in Streifen schneiden. Die Tomaten in Scheiben schneiden, den Salat putzen und zerpflücken. Die Hähnchenbrust in Scheiben schneiden. Das Brot toasten und alle Scheiben mit Mayonnaise bestreichen.
4. Das Sandwich in folgender Reihenfolge aufschichten: eine Scheibe Brot, Salatblätter, Speck, Brot, Hähnchenbrust, Avocado, Tomaten, Salatblätter und zum Schluss eine weitere Scheibe Brot.
5. Das Sandwich mit den Fingern ein wenig zusammendrücken, dann mit einem gezackten Messer diagonal in Viertel schneiden.

## TIPP

Die Sandwichviertel mit Zahnstochern zusammenhalten. Man kann die Hähnchenbrust auch auf dem Grill zubereiten oder die Reste des Brathähnchens vom letzten Sonntag verwenden.

## (BACON, LETTUCE AND TOMATO)

SANDWICH MIT BACON, BLATTSALAT UND TOMATE

Für 4 Sandwiches

Zubereitung: 20 Minuten – Garzeit: 15 Minuten

### ZUTATEN

16–20 dünne Scheiben Räucherspeck, ½ Salatkopf (Römer- oder Eisbergsalat), 2 Tomaten, 4 Scheiben Toastbrot (Weißmehl oder Vollkorn), 4 EL Mayonnaise

1. Den Backofengrill auf 250 °C vorheizen.
2. Den Räucherspeck in einer ofenfesten Form verteilen und 10 Minuten im Ofen rösten. Wenden und weitere 5 Minuten rösten.
3. Den Salat putzen und zerpflücken, die Tomaten in dünne Scheiben schneiden. Das Brot toasten.
4. 3 Esslöffel Mayonnaise auf den Toastscheiben verstreichen, mit einigen Salatblättern, drei oder vier Tomatenscheiben und vier oder fünf Scheiben Speck belegen und den Rest der Mayonnaise darauf verstreichen. Mit einer Scheibe Brot abschließen.
5. Das Sandwich ein wenig zusammendrücken, dann diagonal in zwei Teile schneiden.

### TIPP

Das BLT ist das perfekte Sommersandwich, denn dann sind die Tomaten so richtig schön reif. Sie können noch ein Spiegelei dazu servieren, das schmeckt auch sehr lecker.

# GRILLED PB&J

## (PEANUT BUTTER AND JELLY SANDWICH)

GEGRILLTES SANDWICH MIT ERDNUSSBUTTER UND KONFITÜRE

Zubereitung: 5 Minuten – Garzeit: 4 Minuten

ZUTATEN

8 Scheiben Toastbrot
40 g gesalzene oder ungesalzene Butter (raumtemperiert)
200 g Konfitüre (Sorte nach Wahl)
125 g Erdnussbutter (siehe Seite 55)

1. Den Grill oder eine leicht gefettete Pfanne vorheizen.
2. Wer seinen Sandwiches eine besondere Form geben will, sticht das Brot mit einer Ausstechform aus.
3. Vier Scheiben Brot mit Butter und Konfitüre bestreichen.
4. Auf den anderen vier Scheiben die Erdnussbutter verteilen. Je zwei unterschiedlich bestrichene Scheiben aufeinanderlegen und die Sandwiches auf dem Grill oder in der Pfanne von jeder Seite 1–2 Minuten rösten, bis leichte Grillstreifen zu sehen sind.

TIPP

Die PB&Js schmecken kleinen und grossen Kindern, vor allem wenn sie mithilfe eines Ausstechförmchens lustige Formen bekommen. Die Brotreste kann man zu Croûtons oder Paniermehl verarbeiten.

AM RANDE

Als ich zur Schule ging, fand ich in meiner Brotdose häufig PB&Js, die meine Mutter für mich zubereitet hatte.

# MY FAVORITE REUBEN

MEIN LIEBLINGS-REUBEN-SANDWICH

Für 4 Sandwiches

Zubereitung: 20 Minuten – Garzeit: etwa 12 Minuten

ZUTATEN

500 g Pastrami (siehe Seite 156), 8 große Scheiben Roggenbrot, 8 EL Russian Dressing (siehe Seite 217), 300 g Sauerkraut, 80 g Emmentaler in Scheiben, Butter nach Bedarf

1. Pastrami in sehr feine Scheiben schneiden. Zwei Scheiben Brot mit Russian Dressing bestreichen, eine davon mit dem Fleisch belegen. Sauerkraut und Emmentaler daraufschichten und das Sandwich mit der zweiten Scheibe Brot belegen. Von einer Seite mit Butter bestreichen. Die anderen Sandwiches auf dieselbe Weise zubereiten.

2. Eine Skillet-Pfanne (oder eine gusseiserne Pfanne, siehe Seite 14) auf mittlerer Hitze vorheizen und die Sandwiches mit der gebutterten Seite nach unten hineinlegen und rösten. Währenddessen von oben mit zerlassener Butter bestreichen. Die Sandwiches 7 Minuten lang von einer Seite rösten, dann wenden und von der anderen Seite rösten, bis sie gebräunt sind und der Käse geschmolzen ist.

TIPP

Ein Reuben-Sandwich kann mit Pastrami (geräuchert) oder Corned Beef (nicht geräuchert) zubereitet werden. Mit oder ohne Räuchernote – das macht hier den geschmacklichen Unterschied. Wer weder Corned Beef noch Pastrami vorrätig hat, kann auch ein Georgia Reuben zubereiten: dafür statt Rindfleisch einfach Geflügel nehmen und das Sauerkraut durch Coleslaw (siehe Seite 109) ersetzen.

AM RANDE
DER FEINKOSTLADEN ZINGERMAN'S IN ANN ARBOR, MICHIGAN, GILT ALS EINER DER BESTEN DER USA. ER IST EINE INSTITUTION UND SEINE REUBEN-SANDWICHES SIND EINFACH KÖSTLICH!

ONION RINGS

CAULIFLOWER

MUSHROOMS

CHEESE STICKS

FRENCH FRIES

CHICKEN STRIPS

# FRIED ONION RINGS

FRITTIERTE ZWIEBELRINGE

Für 4 Personen

Zubereitung: 25 Minuten – Garzeit: etwa 10 Minuten insgesamt

## ZUTATEN

1 l Pflanzenöl, 400 g Zwiebeln, 300 g Weizenmehl,
1 Päckchen Backpulver, 1 TL Salz, 350 ml Vollmilch,
2 Eier, 125 g Paniermehl

1. Das Öl in einem tiefen Topf oder einer Fritteuse langsam erhitzen.
2. Die Zwiebeln schälen, in 2 cm dicke Scheiben schneiden und in eine große Schüssel geben. Das Mehl darübersieben und alles gut vermengen, bis die Zwiebeln gleichmäßig umhüllt sind. Dann die Zwiebeln aus dem Mehl heben, leicht abklopfen, um überschüssiges Mehl zu entfernen, und beiseitestellen.
3. Backpulver, Salz, Milch und Eier zu dem in der Schüssel verbliebenen Mehl geben. Mit einem Handrührgerät zu einer gleichmäßigen Masse verrühren. Die Zwiebelscheiben einzeln in den Teig tauchen und auf einem mit Backpapier ausgelegten Blech verteilen.
4. Das Paniermehl auf einen Teller geben, die Zwiebelscheiben einzeln darin wenden, dann auf eine Platte legen.
5. Die Temperatur des Öls überprüfen (es muss 180 °C erreichen). Dafür eine kleine Zwiebelscheibe hineintauchen: Wenn das Öl Bläschen bildet, ist es heiß genug. Die Zwiebeln portionsweise von jeder Seite 1–2 Minuten frittieren. Mit einem Schaumlöffel oder dem Frittierkorb herausheben, auf Küchenpapier abtropfen lassen und etwas salzen. Sofort servieren!

## TIPP

Am besten große Zwiebeln verwenden, die sind leichter zu handhaben und viel eindrucksvoller. Wenn man die Zwiebeln mit dem Mehl vermengt, zerfallen die Scheiben in einzelne Ringe. Das ist völlig normal.

SOUPS
of the day!
all kinds
and salads...

# Coleslaw rules

Die goldenen Regeln der Coleslaw-Zubereitung

Der bekannteste Coleslaw wird mit Weißkohl zubereitet, doch das Rezept lässt sich mit vielen verschiedenen Gemüsesorten variieren: beispielsweise mit Fenchel, Brokkoli, Kohlrabi, Möhren, Grünkohl, Knollensellerie. Wichtig ist, dass das Gemüse in sehr feine Streifen geschnitten wird und die Sauce lecker ist.

### Das Gemüse zuschneiden

Wichtig: Die Streifen müssen sehr fein werden! Man kann eine Küchenmaschine, einen Gemüsehobel oder ein Messer zum Schneiden nutzen. Ich verwende gern eine Kombination aus Gemüsehobel und Messer, insbesondere bei hartem Gemüse wie Rote Bete. Diese schneide ich zunächst mit dem Gemüsehobel in Scheiben, dann mit einem Messer in Streifen.

### Coleslaw kann nicht warten

Man sollte ihn gleich nach der Fertigstellung verzehren, sonst wird die Sauce zu flüssig, denn das frisch geschnittene Gemüse sondert noch Flüssigkeit ab. Man kann Coleslaw auch im Voraus vorbereiten, doch die Sauce sollte man frühestens eine Stunde vor dem Servieren dazugeben.

### Wozu passen Coleslaws?

Sie passen wunderbar zu Grillgerichten oder Sandwiches. Man kann sie aber auch einfach als Sandwich-Belag verwenden. Beispiel: Brot + Coleslaw + Schinken + eingelegte Gurken in Scheiben + Brot.

### Schneller Coleslaw

Bei uns zu Hause essen wir häufig Coleslaw. Ich habe im Kühlschrank immer einen Vorrat an Gemüse, das mehrere Tage lang knackig bleibt, damit ich jederzeit einen schnellen Coleslaw zubereiten kann.

# CLASSIC COLESLAW

## KLASSISCHER COLESLAW

Für 4 Personen

Zubereitung: 15 Minuten

### ZUTATEN

400 g Weißkohl, 200 g Möhren, ¼ kleine Zwiebel (nach Belieben), 200 g Mayonnaise (siehe Seite 218), 2 EL Apfelessig, 2 EL Kristallzucker, 1 TL Salz, Pfeffer aus der Mühle (nach Belieben)

Den Kohl mit der Küchenmaschine oder mit einem Gemüsehobel in dünne Streifen schneiden. Die Möhren reiben und die Zwiebel fein hacken.

Die Mayonnaise mit Essig, Zucker, Salz und Pfeffer verrühren.

Die Sauce zum Gemüse geben und alles gut vermengen.

AM RANDE

Ich liebe es, auf Märkten einzukaufen, natürlich in Paris, aber auch auf den Farmers' Markets in den USA, wo die Bauern ihre Produkte anbieten. Mein Lieblingsproduzent in Michigan ist die Bare Knuckle Farm.

# BEET TARRAGON COLESLAW

ROTE-BETE-COLESLAW
MIT ESTRAGON

Für 4 Personen
Zubereitung: 15 Minuten

ZUTATEN

400 g rohe Rote Bete, geschält
200 g Rotkohl

FÜR DIE SAUCE
75 g Mayonnaise (siehe Seite 218)
50 g Joghurt oder Crème fraîche
1 EL Olivenöl
2 TL Kristallzucker
1 TL Salz
2 EL gehackter Estragon
3 EL Apfelessig
1 TL gehackte Zwiebel

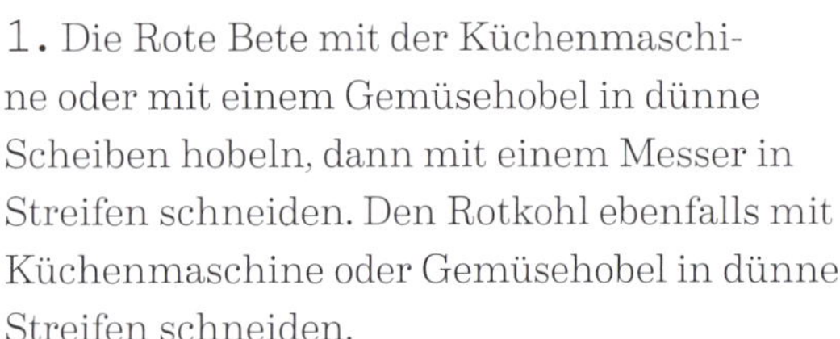

1. Die Rote Bete mit der Küchenmaschine oder mit einem Gemüsehobel in dünne Scheiben hobeln, dann mit einem Messer in Streifen schneiden. Den Rotkohl ebenfalls mit Küchenmaschine oder Gemüsehobel in dünne Streifen schneiden.

2. Für die Sauce alle Zutaten verrühren. Das Gemüse dazugeben und alles gründlich vermengen und sofort servieren.

# FENNEL COLESLAW

## WITH FRESH HERBS

FENCHEL-COLESLAW
MIT FRISCHEN KRÄUTERN

Für 4 Personen
Zubereitung: 20 Minuten

ZUTATEN

300 g Fenchelknollen
300 g Weißkohl
1 TL Fenchelsamen
1 TL Koriandersamen

FÜR DIE SAUCE
100 g Mayonnaise (siehe Seite 218)
75 g Joghurt oder Crème fraîche
1 TL Kristallzucker
1 TL Salz
Saft von ½ Zitrone
4 EL gehackte Petersilie
4 EL gehacktes Koriandergrün

1. Die faserigen äußeren Fenchelblätter sowie die Stiele und den Boden entfernen. Fenchel und Weißkohl mit der Küchenmaschine oder einem Gemüsehobel in sehr feine Streifen schneiden.

2. Die Fenchel- und Koriandersamen in einer gusseisernen Pfanne oder einer Edelstahlpfanne ohne Fett 4–5 Minuten unter häufigem Rühren rösten, bis sie appetitlich duften. Auf einen Teller geben und beiseitestellen.

3. Für die Sauce alle Zutaten vermischen. Kohl- und Fenchelstreifen sowie die gerösteten Samen vorsichtig unter die Sauce heben und sofort servieren.

# BROCCOLI COLESLAW
## WITH GINGER AND SESAME SEEDS

BROKKOLI-COLESLAW
MIT INGWER UND SESAM

Für 4 Personen
Zubereitung: 20 Minuten

ZUTATEN

600 g Brokkoli mit Stängeln
50 g Mandelblättchen

FÜR DIE SAUCE
100 g Mayonnaise (siehe Seite 218)
1 EL Ahornsirup oder Honig
Saft von ½ Limette
1 TL Apfelessig
2 TL Sesamöl
2 TL Sesamsamen
1 TL Salz
1 TL frisch geriebener Ingwer
2 EL frisch gehacktes Koriandergrün

1. Brokkoliröschen und Stängel voneinander trennen.

2. Die Röschen in sehr kleine Stücke schneiden. Die faserige äußere Schicht der Stängel abschälen und nur die zarten Teile in dünne Scheiben, dann in Streifen schneiden. Brokkolistängel und -röschen vermengen.

3. Die Mandelblättchen in einer gusseisernen Pfanne oder Edelstahlpfanne ohne Fett 4–5 Minuten unter häufigem Rühren goldgelb rösten. Auf einen Teller geben und beiseitestellen.

4. Für die Sauce alle Zutaten vermengen. Den Brokkoli und die gerösteten Mandeln vorsichtig unterheben und sofort servieren.

# RADISH COLESLAW

RADIESCHEN-COLESLAW

Für 4 Personen
Zubereitung: 20 Minuten

ZUTATEN

400 g Radieschen
150 g Weißkohl

FÜR DIE SAUCE
2 EL Reisessig oder Apfelessig
3 EL Olivenöl
2 EL Kristallzucker
2 TL Salz
1 TL Nuoc Mam (vietnamesische Fischsauce)

1. Die Radieschen mit einem Messer in dünne Scheiben und dann in Streifen schneiden. Den Kohl mit einer Küchenmaschine oder einem Gemüsehobel in feine Streifen schneiden.

2. Für die Sauce alle Zutaten vermischen, dann das Gemüse vorsichtig unterheben. Sofort servieren.

# POTATO SALAD

KARTOFFELSALAT

Für 4 Personen

Zubereitung: 30 Minuten – Garzeit: 22 Minuten
Ruhezeit: mindestens 30 Minuten und bis zu 12 Stunden

## ZUTATEN

500 g Kartoffeln (Drillinge, La Ratte oder Bintje),
125 g Bacon (Räucherspeck in dünnen Scheiben),
25 g rote Zwiebel, 200 g Staudensellerie oder Fenchel

### FÜR DIE SAUCE

125 g Mayonnaise (siehe Seite 218), 75 g Crème fraîche
oder Joghurt, ½ Bund Schnittlauch, fein gehackt,
1 TL Salz, Pfeffer aus der Mühle

1. Den Backofengrill auf 250 °C vorheizen. 1 Liter Wasser zum Kochen bringen. Die Kartoffeln in 1–2 cm große Würfel schneiden und in 5–7 Minuten gar kochen.
2. Den Bacon auf einem Backblech verteilen und 10 Minuten im Ofen rösten. Die Scheiben wenden und nochmals 5 Minuten rösten, dann aus dem Ofen nehmen, abkühlen lassen und klein schneiden.
3. Zwiebel und Sellerie oder Fenchel fein hacken.
4. Für die Sauce alle Zutaten verrühren.
5. Kartoffeln, Bacon, Zwiebel und Sellerie oder Fenchel in einer großen Schüssel vorsichtig mit der Sauce vermengen. Die Schüssel mit Frischhaltefolie abdecken und den Salat mindestens 30 Minuten (wenn möglich bis zu 12 Stunden) im Kühlschrank durchziehen lassen.

### TIPP

Ich verwende die Kartoffeln am liebsten mit der Schale, aber das ist Geschmackssache. Man kann sie ebenso gut schälen.

Man kann den Salat auch mit in Öl eingelegten Artischocken, Rucola, Kapern etc. verfeinern.

Chardonnay
Bordeaux
Orange

## Am Rande

Succotash ist ein Gericht auf Basis von Mais und Bohnen, das aus der indianischen Küche stammt. Ursprünglich bestand es einfach aus Mais und roten, weissen oder Lima-Bohnen. Da diese Zutaten nicht viel kosteten, war Succotash während der Weltwirtschaftskrise in den 1930er-Jahren ein beliebtes Gericht.

# SALAD IN A JAR
## SUMMER SUCCOTASH

SALAT IM GLAS – SOMMERLICHES SUCCOTASH

Für 2 Gläser (2 Personen)

Zubereitung: 30 Minuten · Garzeit: 7 Minuten

### ZUTATEN

150 g grüne Bohnen, 150 g Dicke Bohnen, 1 Maiskolben, ¼ Zwiebel, ¼ Kopf grüner Salat, 8 EL Ranch-Dressing (siehe Seite 218)

1. Gläser mit Schraubdeckel ausspülen und gut abtrocknen. Die grünen Bohnen putzen, die Dicken Bohnen enthülsen und mit den grünen Bohnen 5–15 Minuten in kochendem Wasser blanchieren. Abtropfen lassen, in eiskaltes Wasser geben und nochmals abtropfen lassen. Die Kerne der Dicken Bohnen von der umhüllenden Haut befreien, die grünen Bohnen in zwei Teile schneiden. Den Maiskolben grillen oder 2 Minuten in siedendes Wasser legen, dann die Maiskörner ablösen: dazu den Kolben senkrecht auf eine Arbeitsplatte stellen und mit einem scharfen Messer von oben nach unten abschälen. Die Zwiebel fein hacken. Den Salat putzen und zerzupfen.
2. Zunächst das Ranch-Dressing in den Gläsern verteilen. Dann der Reihenfolge nach grüne Bohnen, Mais, Dicke Bohnen, Zwiebel und schließlich Salat hineinschichten. Die Gläser verschließen, in den Kühlschrank stellen und den Inhalt erst zum Servieren auf einen Teller stürzen.

### TIPP

Der Salat im Glas eignet sich bestens zum Mitnehmen und ist eine frische, gesunde kleine Mahlzeit fürs Büro oder fürs Picknick. Er schmeckt natürlich auch zu Hause.

# CAESAR SALAD

CAESAR-SALAT

Für 4 Personen

Zubereitung: 25 Minuten – Garzeit: 30 Minuten

## ZUTATEN

500 g Hähnchenbrust, 1 TL Salz , 600 g Römersalat

### FÜR DAS CAESAR-DRESSING

8 Anchovis in Öl, 1 große Knoblauchzehe, 4 Eigelb, 100 g Mayonnaise (siehe Seite 218), 200 g Parmesan, gerieben, 50 ml Olivenöl, Saft von ½ Zitrone, 1 TL Salz, ½ TL frisch gemahlener schwarzer Pfeffer (alle Zutaten raumtemperiert)

### FÜR DIE CROÛTONS

200 g Brot, 50 g gesalzene Butter, 50 ml Olivenöl, ½ Knoblauchzehe, gehackt, ½ TL Salz

1. 1 Liter Wasser mit dem Salz in einen Topf geben und aufkochen lassen. Dann die Temperatur sofort reduzieren und die Hähnchenbrust darin 10 Minuten pochieren. Den Deckel auf den Topf geben und diesen vom Herd nehmen. Die Hähnchenbrust noch 15 Minuten ziehen lassen, dann abtropfen lassen und in den Kühlschrank geben.
2. Den Backofengrill auf 210 °C (Umluft) vorheizen.
3. Für das Caesar-Dressing die Anchovis und den Knoblauch fein hacken und in einer Schüssel mit den Eigelben, der Mayonnaise und der Hälfte des Parmesans verrühren. Unter ständigem Rühren nach und nach erst das Olivenöl, dann den Zitronensaft, Salz und Pfeffer zugeben. Die Sauce in den Kühlschrank stellen.
4. In der Zwischenzeit die Croûtons zubereiten. Dazu das Brot in 1 cm große Würfel schneiden. Die Butter mit dem Olivenöl, Knoblauch und Salz in einem Topf zerlassen. Die Brotwürfel zugeben, anrösten und vorsichtig wenden. Die Croûtons aus dem Fett heben, auf einem Backblech verteilen und auf mittlerer Schiene im Ofen 7 Minuten rösten, dabei zweimal wenden.
5. Die Hähnchenbrust in dünne Scheiben schneiden. Den Römersalat putzen, die Blätter grob zerpflücken und in eine große Schüssel geben. Croûtons, Hähnchenbrust und Sauce zugeben und alle Zutaten gut vermengen, bis sich die Sauce verteilt hat. Sofort mit dem Rest des geriebenen Parmesans bestreuen und servieren.

Tipp: Diesen Salat bereite ich häufig zu, wenn ich Freundinnen zum Essen eingeladen habe. Es spricht auch nichts dagegen, kleine Stückchen knusprigen Bacon dazuzugeben, vor allem, wenn man den Salat ohne Hähnchen zubereitet.

Für die Croûtons kann man jedes beliebige Brot verwenden, es muss noch nicht einmal frisch sein. Ich persönlich verwende gern ein gutes Toastbrot oder auch ein kräftiges Roggenbrot.

Achtung: Mit dem Begriff Bacon meine ich immer den Bacon im angloamerikanischen Sinn: dünne Scheiben Räucherspeck, die man in den USA und Grossbritannien gern zum Frühstück isst.

# WEDGE SALAD
## WITH THOUSAND ISLAND DRESSING

EISBERGSALAT
MIT THOUSAND-ISLAND-DRESSING

Für 4–6 Personen

Zubereitung: 30 Minuten – Garzeit: mindestens 30 Minuten

### ZUTATEN

frittierte Schalotten (siehe Rezept Fried Onions Seite 104), 150 g Bacon, 200 g Staudensellerie, 1 Eisbergsalat, 4 EL gehackte Petersilie

### FÜR DAS DRESSING

100 g Mayonnaise (siehe Seite 218), 2 EL Olivenöl, 1 EL Ketchup, 1 EL Apfelessig, 1 TL gehackte Zwiebel, ½ Knoblauchzehe, gehackt, 1 TL grobes Meersalz, 2–3 Tropfen Tabasco, 1 hart gekochtes, mit der Gabel zerdrücktes Ei, 50 g eingelegte Gurken, gehackt

1. Die frittierten Schalotten nach dem Rezept auf Seite 104 zubereiten und dabei die Zwiebeln durch Schalotten ersetzen.

2. Den Backofengrill auf 250 °C vorheizen. Den Bacon auf einem Backblech verteilen und 10 Minuten im Ofen rösten, dann die Scheiben wenden und weitere 5 Minuten backen. Herausnehmen und abkühlen lassen.

3. In der Zwischenzeit für das Thousand-Island-Dressing alle Zutaten vermengen.

4. Den Sellerie und den gegrillten Bacon klein schneiden. Den Eisbergsalat vierteln und das Dressing gleichmäßig über den Salatvierteln verteilen. Mit gehackter Petersilie, Sellerie, Bacon und frittierten Schalotten bestreuen, mit dem restlichen Dressing beträufeln und sofort servieren.

## AM RANDE

In den USA sind Salatsaucen so beliebt, dass es unendlich viele Rezepte dafür gibt. Häufig haben die Saucen kuriose Namen – so auch in diesem Fall. Es gibt ein Green Goddess Dressing, ein Caesar Dressing (siehe Seite 119), ein Ranch Dressing (siehe Seite 218) oder auch ein French Dressing und ein Russian Dressing (siehe Seite 217), die nichts mit Frankreich oder Russland zu tun haben. Das Thousand Island Dressing soll gegen Ende des 19. Jahrhunderts im Nationalpark Thousand Islands kreiert worden sein, der in Wirklichkeit aus 1864 Inseln besteht, die in der Mündung des Sankt-Lorenz-Flusses in Ontario verstreut liegen. Besonders beliebt war das Dressing in den 1950er-Jahren.

U.S. POST OFFICE
GOOD HART 49737
GENERAL STORE
Store Hours
Mon-Sat: 10-6
Sun. 10-5
OFFICE HOURS

# SOUPS AND STEWS

## SUPPEN UND EINTÖPFE

Manchmal ist nicht ganz klar, wodurch sich Soups und Stews – also Suppen und Eintöpfe – unterscheiden. Die traditionellen US-amerikanischen Suppen sind häufig sehr deftig und werden als Hauptgericht serviert. Sie erinnern an die Zeit, als in Kesseln über dem Lagerfeuer gekocht wurde. Und interessanterweise leitet sich der Begriff »chowder«, der im Nordwesten der USA eine Suppe bezeichnet, vom Altfranzösischen »chaudière« (Kessel) ab. Als Stew wiederum bezeichnet man manchmal auch eine klassische Suppe – »Oyster Stew« beispielsweise.

# BROCCOLI BEER
## CHEESE SOUP

BROKKOLISUPPE MIT BIER UND KÄSE

Für 4 Personen

Zubereitung: 15 Minuten – Garzeit: 25 Minuten

### ZUTATEN

½ Zwiebel, gehackt, 1 kleine Knoblauchzehe, gehackt, 2 EL Olivenöl, 250 ml Geflügel- oder Gemüsebrühe, erwärmt, 100 ml helles Bier, 400 g Brokkoli, in kleine Röschen zerteilt, 75 g Cheddar, gerieben, 50 ml Vollmilch, Croûtons, Olivenöl zum Servieren, Salz, Pfeffer aus der Mühle

1. Zwiebel und Knoblauch in Olivenöl bei kleiner Hitze 5 Minuten dünsten. Brühe und Bier angießen und den Brokkoli zugeben. Die Suppe aufkochen, dann einige Brokkoliröschen herausnehmen und zum Servieren beiseitestellen.

2. Die Hitze reduzieren und die Suppe 20 Minuten köcheln lassen. Einen Teil des Cheddars einstreuen (den Rest zum Servieren aufbewahren), die Milch zugeben und mit einem Stabmixer pürieren. Mit Salz und Pfeffer würzen, mit dem restlichen Cheddar, den beiseitegestellten Brokkoliröschen und den Croûtons garnieren und mit einem Schuss Olivenöl servieren.

### AM RANDE

Im Mittleren Westen ist diese Suppe im Winter ein unverzichtbarer Klassiker.

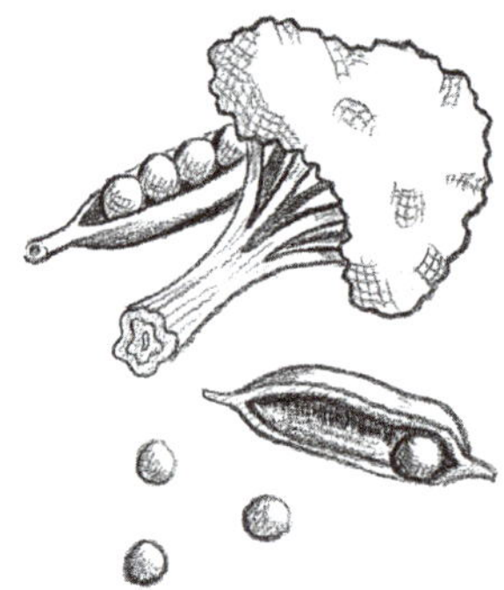

# CHICKEN
## AND DUMPLINGS

HÜHNERSUPPE MIT KLÖSSCHEN

Für 4 Personen

Zubereitung: 20 Minuten – Garzeit: 45 Minuten

### ZUTATEN

400 g Hähnchenbrust, 50 g Butter, 2 EL Weizenmehl, 200 g Staudensellerie, 300 g Möhren, 1 kleine Zwiebel, 1 EL Olivenöl, 2 EL gehackter Estragon, 2 EL gehackter Dill, 1 TL grobes Salz

### FÜR DIE KLÖSSCHEN

200 g Weizenmehl, 2 TL Backpulver, 1 Ei, 120 ml Vollmilch, 1 TL Zucker

1. Die Hähnchenbrust in acht Stücke schneiden. Die Butter in einer großen (vorzugsweise gusseisernen) Pfanne bei mittlerer Hitze zerlassen. Mehl auf einen Teller geben und das Hähnchenfleisch darin wenden, dann 5 Minuten im Fett von beiden Seiten anbraten, auf einen Teller geben und beiseitestellen.
2. Sellerie, Möhren und Zwiebel fein würfeln. Das Olivenöl in einem Topf erhitzen und das Gemüse darin mit Estragon, Dill und Salz 10 Minuten dünsten. Die Hähnchenbrust und 1 Liter Wasser zugeben, aufkochen und 15 Minuten bei kleiner Hitze mit aufgelegtem Deckel köcheln lassen.
3. In der Zwischenzeit für die Klößchen das Mehl mit dem Backpulver in einer Schüssel gut vermengen. In einer weiteren Schüssel das Ei mit Milch und Zucker verquirlen. Die Mehlmischung zu den flüssigen Zutaten sieben und alles zu einem geschmeidigen Teig ohne Klümpchen verarbeiten.
4. Mit einem Teelöffel kleine Mengen Teig abstechen (für insgesamt etwa 20 Klößchen) und diese vorsichtig in die Brühe gleiten lassen. In der Brühe etwa 15 Minuten gar ziehen lassen. Nach der Hälfte der Zeit einmal wenden. Abschmecken und servieren.

AM RANDE

Ein echtes Wohlfühlessen! Und ein Gericht mit magischen Fähigkeiten, denn es wirkt Wunder, wenn man krank ist. Ideal ausserdem als ein leckeres Essen mit wenig Fleisch. Aus diesem Grund war es zum Beispiel während der Weltwirtschaftskrise höchst populär. Diese Art von Klösschen bereitet man im Süden der USA und im Mittleren Westen zu.

# NEW ENGLAND

## CLAM CHOWDER

MUSCHELSUPPE AUS NEUENGLAND

Für 4–6 Personen

Zubereitung: 40 Minuten – Garzeit: 1 Stunde 10 Minuten

### ZUTATEN

1 kg Herz- oder Venusmuscheln, geputzt, 125 g gesalzene Butter, 2 Zwiebeln, gewürfelt, 50 g Bacon, gewürfelt, 200 ml trockener Weißwein, 800 g Kartoffeln, 200 g Fenchel, 2 Knoblauchzehen, 6 EL Weizenmehl, 800 ml Fischfond (siehe unten), 50 g süße Sahne, 400 g Fischfilet (z.B. von der Dorade)

### FISCHFOND

Köpfe und Gräten von 2 Fischen + 2 zusätzliche Fischköpfe (nach Belieben), 1 kleine Zwiebel, gehackt, 1 kleine Möhre, gehackt, 1 Stange Staudensellerie, gehackt, 1 TL gehackter frischer Thymian, 3 EL gehackte Petersilie, 3 Lorbeerblätter, 2 EL gesalzene Butter, 200 ml trockener Weißwein

1. Den Fischhändler bitten, die Fischfilets auszulösen und Köpfe und Gräten mitzugeben. Vielleicht kann er für noch mehr Geschmack auch zwei weitere kleine Fischköpfe einpacken. Für den Fischfond Köpfe und Gräten der Fische unter fließendem kaltem Wasser abspülen, bis das Wasser klar bleibt. Abtropfen lassen.

2. Das Gemüse und die Kräuter 5 Minuten in einem Topf mit der Butter dünsten. Fischköpfe und -gräten zugeben und schließlich mit Weißwein ablöschen. Aufkochen, 1½ Liter heißes Wasser zugeben und den Fond noch einmal 30 Minuten köcheln lassen. Durch ein feines Sieb gießen, dann auf 1 Liter einköcheln lassen.

3. In der Zwischenzeit die Herz- oder Venusmuscheln in 3–4 Liter kaltem Wasser säubern. Das Wasser mehrfach wechseln, bis es klar bleibt. Die geöffneten Muscheln aussortieren und wegwerfen.

4. 75 g gesalzene Butter in einem Topf bei niedriger bis mittlerer Hitze zerlassen und Zwiebeln und Bacon darin 10 Minuten anbraten. Aus dem Topf nehmen, gut abtropfen lassen und beiseitestellen.

5. Den Wein in einem Topf aufkochen, die Muscheln zugeben. Den Topf mit einem Deckel verschließen und die Muscheln bei starker Hitze kochen, bis sie sich öffnen. Diejenigen, die sich nicht geöffnet haben, wegwerfen. Die Muscheln aus der Schale lösen (einige Schalen zum Dekorieren aufbewahren) und in eine Schüssel geben. Die Kochflüssigkeit durch ein Sieb abgießen und zum Fischfond geben.

6. Kartoffeln und Fenchel in kleine Würfel schneiden, den Knoblauch fein hacken und alles mit der restlichen Butter in einem großen Topf 5 Minuten dünsten. Mit Mehl bestäuben und 2–3 Minuten bei kleiner Hitze unter Rühren bräunen. Fischfond angießen, aufkochen und 10 Minuten bei kleiner Hitze köcheln lassen. Die Sahne zugeben und weitere 15 Minuten köcheln lassen. Die Fischfilets und Muscheln, Zwiebel- und Baconwürfel zugeben und 5 Minuten in der Suppe ziehen lassen. Die Suppe vorsichtig umrühren und mit einigen Muschelschalen dekoriert sofort servieren.

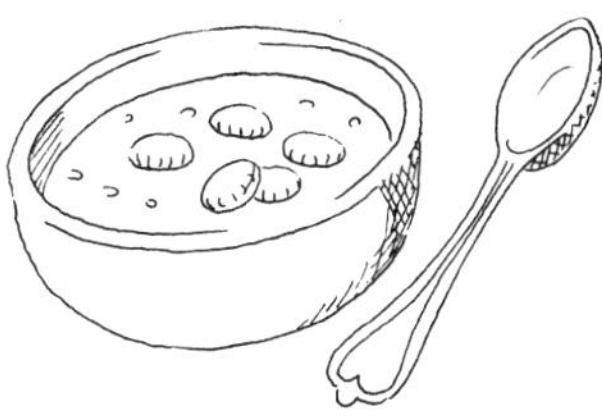

## AM RANDE

Ich habe einmal einen Sommer auf Cape Cod verbracht, wo man viel Clam Chowder isst. Nach einem langen Tag am Strand oder auf dem Meer ist diese Fischsuppe perfekt, denn die Abende auf Cape Cod sind oft ziemlich frisch. Clam Chowder ist eine Spezialität aus dem Nordosten der USA. Es gibt die neuenglische Variante (mit Sahne) und die Manhattan-Variante (mit Tomate), aber die Hauptzutat sind immer »clams«, Muscheln der Region, die man in Europa meistens durch Venus- oder Herzmuscheln ersetzt. Clam Chowder wird gern mit Crackern und reichlich frisch gemahlenem Pfeffer serviert.

# MANHATTAN
## CLAM CHOWDER

Für 4–6 Personen

Zubereitung: 30 Minuten – Garzeit: 30 Minuten

### ZUTATEN

75 g Bacon, 200 ml trockener Weißwein, 1½ kg Venusmuscheln (oder Herzmuscheln), geputzt, 600 g mehligkochende Kartoffeln, 200 g Staudensellerie, 150 g Möhren, 2 Zwiebeln, 2 Knoblauchzehen, 100 g gesalzene Butter, 850 g (1 große Dose) geschälte Tomaten im eigenen Saft, 1 TL Tabasco, 1 EL Worcestersauce

1. In einem großen gusseisernen Topf den Bacon ohne Fett bei mittlerer Hitze 5 Minuten anbraten. Aus dem Topf nehmen. Das ausgetretene Fett im Topf belassen, Weißwein und Muscheln zugeben (geöffnete Muscheln wegwerfen) und den Topf mit einem Deckel verschließen. Die Muscheln 6–8 Minuten bei starker Hitze kochen, bis sie sich öffnen. Exemplare, die sich nicht öffnen, wegwerfen. Muscheln aus den Schalen lösen, den Sud durch ein Sieb abgießen und beiseitestellen.

2. Kartoffeln, Sellerie, Möhren und Zwiebeln klein würfeln, den Knoblauch hacken. Die Butter in einem Topf zerlassen und Sellerie, Möhren, Zwiebeln und Knoblauch 5 Minuten darin dünsten. Kartoffeln, Muschelsud und ein wenig Wasser zugeben, sodass die Kartoffeln gerade eben bedeckt sind. Dann Tomaten, Tabasco und Worcestersauce zugeben. Bei niedriger bis mittlerer Hitze mindestens 30 Minuten oder auch länger köcheln lassen. Die Muscheln 5 Minuten vor dem Servieren in die Suppe geben. Mit Knoblauchbrot (siehe nachfolgendes Rezept) und Tabasco servieren.



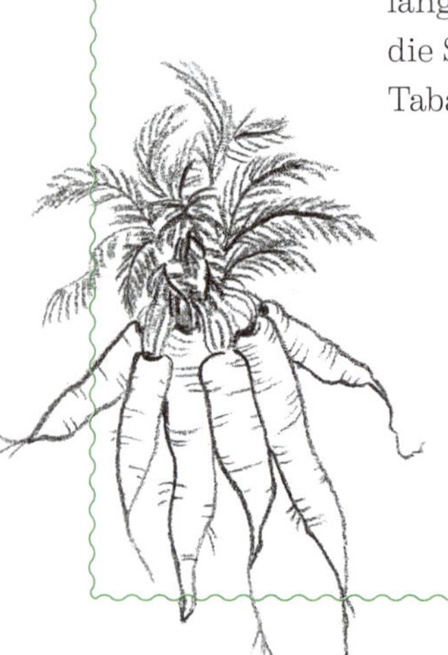

# GARLIC BREAD

## KNOBLAUCHBROT

Für 4 Personen

Zubereitung: 15 Minuten – Garzeit: 7–10 Minuten

### ZUTATEN

250 g Baguette, 4 Knoblauchzehen, 50 g Butter,
2 EL Olivenöl, ½ TL Salz

1. Den Backofen auf 210 °C vorheizen. Das Baguette der Länge nach aufschneiden, dann in acht Stücke schneiden. Den Knoblauch fein hacken und mit Butter und Olivenöl in einer Pfanne dünsten. Das Salz zugeben, alles gut vermengen und auf einen Teller geben. Brotstücke nacheinander mit der Schnittfläche in die Flüssigkeit tauchen.
2. Die Brotstücke mit der Schnittfläche nach oben auf einem mit Alufolie ausgelegten Backblech verteilen und 7–10 Minuten im Ofen goldbraun und knusprig rösten.

Am Rande
Eigentlich fast mehr ein Eintopf als eine Suppe, denn das Gericht enthält wenig Flüssigkeit, aber man isst es trotzdem mit dem Löffel. Dieses Rezept schmeckt am besten aufgewärmt am nächsten Tag oder sogar zwei oder drei Tage nach der Zubereitung.

# BEEF MUSHROOM BARLEY

## RINDFLEISCH-CHAMPIGNON-EINTOPF MIT GRAUPEN

Für 4 Personen

Zubereitung: 25 Minuten – Garzeit: 3 Stunden 30 Minuten

### ZUTATEN

500 g Rindfleisch zum Schmoren (Hachse, Schwanz oder Oberschale), 25 g Butter, 2 Knoblauchzehen, zerdrückt, 1 TL grobes Salz, 150 g Möhren, 1 Zwiebel, 2 EL Olivenöl, 700 g Champignons, 125 g Graupen, 2 EL Sojasauce, 1 EL Worcestersauce, ½ TL schwarzer Pfeffer aus der Mühle, geriebener Parmesan (nach Belieben)

1. Das Fleisch in große Stücke schneiden. Die Butter in einem großen Topf zerlassen und das Fleisch darin bei starker Hitze 5 Minuten anbraten. Dann 1½ Liter Wasser, Knoblauchzehen und das Salz zugeben. Die Hitze reduzieren, den Topf mit einem Deckel verschließen und die Brühe 2 Stunden bei kleiner Hitze köcheln lassen.

2. Das Fleisch aus dem Topf nehmen und in mundgerechte Stücke schneiden. Die Brühe beiseitestellen. Möhren und Zwiebel fein würfeln und mit dem Olivenöl in einem weiteren Topf andünsten. Die Champignons halbieren und dazugeben. Das Gemüse 10 Minuten bei mittlerer Hitze garen. Dann Fleisch, Graupen, Sojasauce, Worcestersauce und Pfeffer zugeben. Mit 1 Liter der Fleischbrühe aufgießen, aufkochen und noch einmal 1½ Stunden bei kleiner Hitze köcheln lassen. Wenn die Suppe zu dick wird, noch ein wenig Wasser hinzufügen.

3. In einer großen Schüssel mit frisch gemahlenem Pfeffer servieren und nach Belieben mit geriebenem Parmesan bestreuen.

ZOBEL S MODERN DAIRY
TRAVERSE CITY, MICH

BEETS $4
CARROTS $4
GARLIC $2
ONION $3
KOHLRABI $4

STAUB
STAUB

# CHILI CON CARNE

Für 4 hungrige Texaner

Zubereitung: 25 Minuten – Einweichzeit: 12 Stunden
Garzeit: 2½–4½ Stunden

## ZUTATEN

200 g getrocknete Kidneybohnen, 3 Knoblauchzehen, 2 kleine Zwiebeln, 1 EL Olivenöl, 3 TL Kreuzkümmelsamen, 600 g Rinderhackfleisch, 2 große Dosen (850 g) geschälte Tomaten im Saft, ½ TL Chilipulver, 2 TL geräuchertes Paprikapulver, 2 TL Salz

1. Die Kidneybohnen am Vorabend (oder mindestens 12 Stunden vor dem Kochen) in kaltem Wasser einweichen. Abtropfen lassen und mit 1½ Liter Wasser in einen großen (vorzugsweise gusseisernen) Topf geben. 2 Stunden bei mittlerer Hitze kochen, bis die Bohnen weich sind. Das Kochwasser abgießen.
2. Knoblauch und Zwiebeln fein hacken. Eine Skillet-Pfanne (siehe Seite 14) mit Olivenöl fetten und Zwiebeln, Knoblauch und Kreuzkümmel bei mittlerer Hitze 3 Minuten darin anbraten. Das Hackfleisch zugeben und 10 Minuten anbraten. Dabei mit einem Pfannenwender gut zerteilen, damit man es rundum bräunen kann.
3. Das angebratene Fleisch in den Topf mit den Bohnen geben, die Tomaten mit dem Saft, Chilipulver, Paprikapulver und Salz zugeben. Mindestens 30 Minuten und bis zu 2 Stunden köcheln lassen. Das Chili schmeckt am besten aufgewärmt am nächsten Tag.

### TIPP

Ich verwende oft Azukibohnen statt Kidneybohnen, weil sie sehr gut verdaulich sind. Man kann das Chili aber auch ganz ohne Bohnen zubereiten oder aber ganz ohne Fleisch und dafür mit mehr Gemüse und Bohnen.

chili con carne



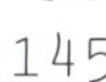

# ALWAYS OPEN FOR

# family Dinner

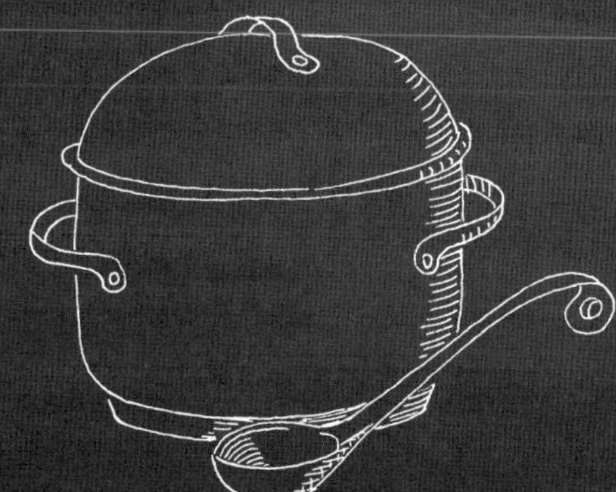

# BARBECUED RIBS

## SPARERIBS VOM GRILL

Für 4 Personen

Zubereitung: 15 Minuten – Garzeit: etwa 2 Stunden

### ZUTATEN

1½–2 kg Spareribs
250 g Barbecuesauce (siehe Seite 217)

1. Den Backofen auf 210 °C vorheizen. Die Spareribs in einen großen gusseisernen Topf oder einen Bräter geben. Mit der Hälfte der Barbecuesauce überziehen und im Ofen ohne Deckel 20–30 Minuten garen, bis das Fleisch Farbe angenommen hat. Dann die Temperatur auf 180 °C reduzieren, den Topf oder Bräter mit dem Deckel verschließen und das Fleisch nochmals 1½ Stunden garen, bis man leicht mit einer Gabel hineinstechen kann.
2. Vor dem Servieren einen Kugelgrill anheizen. Wenn er heiß ist, die Spareribs darauflegen. Mit dem Rest der Barbecuesauce überziehen (einige Löffel zurückbehalten). Den Kugelgrill mit der Haube abdecken und das Fleisch nochmals 20–30 Minuten garen.
3. Wenn man die Spareribs schön karamellisiert mag, im letzten Moment den Rest der Barbecuesauce darübergeben und das Fleisch 2–3 Minuten bei geöffneter Haube garen. Aufpassen, dass nichts anbrennt.
4. Wer keinen Grill hat, kann das Fleisch auch 40–50 Minuten bei 210 °C im Backofen garen und dabei mit dem Rest der Sauce überziehen. Gegen Ende der Garzeit die Grillfunktion des Ofens aktivieren und die Spareribs noch 10 Minuten rösten.

### TIPP

Spareribs lassen sich auch ohne Grill problemlos im Backofen zubereiten. Durch Zugabe von Liquid Smoke bekommen sie sogar Räuchergeschmack. Besonders gut passen zu den Spareribs Coleslaw (siehe Seite 109) und Corn Bread (siehe Seite 169) – aber eigentlich kann man fast alles dazu essen!

BBQ Sauce

weber

# SODA CAN
## BARBECUED CHICKEN

GRILLHÄHNCHEN AUF DER LIMO-DOSE

Für 4 Personen

Zubereitung: 20 Minuten – Garzeit: 1½ Stunden

### ZUTATEN

1 küchenfertiges, dressiertes Hähnchen (2–3 kg), 3 EL Olivenöl, 1 TL Salz, 1 Dose Limonade (Dr. Pepper oder Cherry Coke), 3–4 geschälte Knoblauchzehen, Barbecuesauce (siehe Seite 217), 2 Orangen

1. Einen Kugelgrill so vorheizen, dass er eine moderate, gleichmäßige Hitze verströmt.
2. Das Hähnchen von außen und innen erst mit Olivenöl, dann mit Salz einreiben. Die Hälfte der Limonade in ein Schälchen füllen. Die Knoblauchzehen in die Dose mit dem Rest der Limonade geben, dann das Hähnchen mit der Bauchhöhle auf die Dose »setzen«. Eventuell mit einer Schnur fixieren. Das Hähnchen mit der Dose an den Rand des Grillrosts stellen, sodass es nicht direkt mit der Hitze in Kontakt kommt, dann die Haube schließen. Das Hähnchen 1½ Stunden goldbraun brutzeln, bis sich das Fleisch leicht von den Knochen löst.
3. In der Zwischenzeit die Barbecuesauce zubereiten, dabei den Rest der Limonade zugeben und bei kleiner Hitze 30 Minuten in einem Topf köcheln lassen. 5 Minuten vor Ende der Grillzeit das Hähnchen mit einem Drittel der Barbecuesauce einstreichen. Die Orangen schälen und zerteilen und die Schnitze kurz auf den Grill legen.
4. Alles vom Grill nehmen. Die Orangenschnitze auspressen und das Hähnchen mit dem Saft beträufeln. Die restliche Barbecuesauce dazu reichen. Dazu passen Corn Bread (siehe Seite 169) und, nach Belieben, im Ofen gebackene Okraschoten.

### TIPP

Man kann die Limo auch durch eine Dose Bier ersetzen, das schmeckt ebenfalls köstlich. So wird aus dem Limo-Hähnchen ein Bier-Hähnchen, ein Beer Can Chicken. Einfach ausprobieren!

SOUTHERN
# FRIED CHICKEN

## BACKHÄHNCHEN NACH SÜDSTAATENART

Für 6 Personen

Zubereitung: 25 Minuten – Marinierzeit: 30 Minuten–12 Stunden
Garzeit: etwa 40 Minuten insgesamt

### ZUTATEN

#### FÜR DAS BACKHÄHNCHEN

1½ kg Hähnchenfleisch in Stücken mit Haut (Keulen und Flügel), 2½ l Pflanzenöl zum Frittieren, 750 g Weizenmehl, 1 TL Salz, 1 TL getrockneter Thymian, 2 TL Zwiebelpulver, 2 TL Old-Bay-Gewürzmischung (siehe Seite 219)

#### FÜR DIE MARINADE

750 ml Buttermilch, 1 TL Salz, 1 TL Old-Bay-Gewürzmischung (siehe Seite 219), ½ TL getrockneter Thymian, 2 TL Zwiebelpulver, 1 EL Dijon-Senf, 1 TL frisch gemahlener schwarzer Pfeffer





1. Für die Marinade die Buttermilch in einer großen Schüssel mit Salz, Old-Bay-Gewürzmischung, Thymian, Zwiebelpulver, Senf und Pfeffer verrühren. Die Hähnchenstücke hineingeben und alles vorsichtig vermengen. Die Schüssel mit Frischhaltefolie abdecken oder alles in einen großen verschließbaren Gefrierbeutel (ohne Löcher!) füllen. Im Kühlschrank mindestens 30 Minuten und bis zu 12 Stunden marinieren.

2. Das Öl in einem großen Topf oder einer Fritteuse erhitzen. Das Mehl mit Salz, Thymian, Zwiebelpulver und Old-Bay-Gewürzmischung zu einer Panade vermengen und in eine Schüssel füllen. Das Hähnchenfleisch aus der Marinade nehmen und diese in eine weitere Schüssel geben. Die Hähnchenstücke einzeln nochmals in die Marinade tauchen, dann in der Panade wälzen, noch einmal in die Marinade tauchen und ein letztes Mal in der Panade wenden. Die panierten Hähnchenstücke auf eine große Platte legen, dabei aufpassen, dass sie einander nicht berühren. Mit einer Hähnchenkeule testen, ob das Öl heiß genug ist: Wenn es Bläschen bildet, hat es die richtige Temperatur erreicht (180 °C). Vier oder fünf Hähnchenstücke gleichzeitig etwa 12 Minuten frittieren, bis sie goldbraun sind. Während des Frittierens zweimal wenden, dann auf Küchenpapier abtropfen lassen. Mit Kartoffelsalat (siehe Seite 115) und Coleslaw (siehe Seite 109) oder mit Biscuits & Gravy (siehe Seite 50) servieren.

TIPP
Backhähnchen schmeckt warm oder
kalt und eignet sich wunderbar
zum Mitnehmen fürs Picknick.
Auf keinen Fall die Hähnchenhaut
entfernen – sie sorgt dafür, dass
die Panade besser haftet.

# HOMEMADE PASTRAMI
## (BRISKET OF BEEF)

SELBST GEMACHTES PASTRAMI

Für 8–10 Personen

Zubereitung: 30 Minuten – Marinierzeit: 4 Tage – Garzeit: 10 Stunden

### ZUTATEN

2 kg Rinderbrust

FÜR DIE MARINADE
250 g grobes Salz
250 g Kristallzucker
100 g Pökelsalz (siehe Tipp Seite 159)
150 g Muscovado-Zucker (siehe Seite 180)
2 EL Honig
5 Knoblauchzehen
2 EL Koriandersamen
1 EL gelbe Senfsamen

FÜR DIE GEWÜRZMISCHUNG
35 g Koriandersamen
1 EL geräuchertes Paprikapulver
1 EL frisch gemahlener schwarzer Pfeffer
1 EL Liquid Smoke (nach Belieben, siehe Seite 13)

Den Fleischer bitten, das Fett von der Rinderbrust nicht zu entfernen und das Fleisch auf keinen Fall zu verschnüren. Ein einziges großes Fleischstück ist besser als zwei kleinere.

Für die Marinade alle Zutaten mit 3 Litern Wasser in einem großen Topf aufkochen. 2–3 Minuten sprudelnd kochen lassen, dann vom Herd nehmen, mit dem Deckel verschließen und die Marinade vollständig abkühlen lassen (diese Vorsichtsmaßnahme verhindert, dass das Fleisch darin gart).

### ZUM MARINIEREN GIBT ES ZWEI MÖGLICHKEITEN:

1 a. Die Rinderbrust in ein Gefäß geben, das in den Kühlschrank passt, und die Marinade darübergeben. Sie sollte das Fleisch unbedingt komplett bedecken.

1 b. Die Rinderbrust in einen verschließbaren Gefrierbeutel geben, die Marinade angießen, sodass sie das Fleisch gut bedeckt. Beim Verschließen des Beutels darauf achten, dass die Luft vollständig entweicht.

2. Vier Tage im Kühlschrank durchziehen lassen, dabei das Fleisch täglich wenden.

3. Am vierten Tag das Fleisch aus der Marinade nehmen und auf einem Gitter über einer ofenfesten Form mit hohem Rand 30 Minuten abtropfen lassen. Die Flüssigkeit, die sich in der Form gesammelt hat, weggießen. Den Backofen auf 160 °C vorheizen.

4. Für die Gewürzmischung die Koriandersamen mit den anderen Gewürzen in einem Mixer zerkleinern. Die Rinderbrust gründlich damit einreiben, dann in Alufolie einwickeln. Wieder auf das Gitter über der Form legen und das Fleisch 6 Stunden im Backofen garen.

5. Das Fleisch vom Gitter nehmen und die Alufolie entfernen. Die Rinderbrust in die Form legen und diese bis zur Hälfte mit kochendem Wasser füllen. Mit Alufolie abdecken und nochmals für 4 Stunden in den Ofen stellen.

6. Das Pastrami zum Servieren in feine Scheiben schneiden und mit ein wenig Wasser in einer Pfanne bei kleiner Hitze aufwärmen.

7. Pastrami schmeckt nicht nur in Sandwiches, sondern auch einfach so oder in einem Endiviensalat.

est. 1949
West Bay
DINER
& DELICATESSEN
PARKING IN REAR
YES WE'RE
OPEN

**TIPP**

Achtung: Das Pökelsalz (das man nur in Fleischereigeschäften bekommt) wird anders verwendet als normales Küchensalz. Es ist ein chemisches Produkt, bei dem man gewisse Vorsichtsmassnahmen beachten sollte. Vor der Verwendung muss es erwärmt werden und man sollte die angegebene Menge nicht überschreiten, denn in grossen Mengen ist es giftig.

## MY NEIGHBOR'S
# PASTIES

### TEIGTASCHEN MIT FLEISCHFÜLLUNG (REZEPT MEINES NACHBARN)

Für 6 Personen

Zubereitung: 35 Minuten – Ruhezeit: 30 Minuten
Garzeit: 45–50 Minuten

#### ZUTATEN

FÜR DEN TEIG
300 g Weizenmehl, 2 TL Backpulver, 1 TL Salz,
200 g kalte Butter, gewürfelt

FÜR DIE FÜLLUNG
500 g Kartoffeln, 300 g Steckrüben, 2 kleine Zwiebeln,
1 Knoblauchzehe, 400 g Rinderhackfleisch, 2 TL Salz,
1 TL frisch gemahlener Pfeffer, 1 TL Worcestersauce, 1 EL Olivenöl

1. In einer großen Schüssel das Mehl mit Backpulver und Salz gut vermischen. Butterwürfel und 100 ml kaltes Wasser zugeben und alles mit den Fingern zu einem geschmeidigen Teig verarbeiten. Wenn der Teig zu klebrig ist, noch etwas Mehl zugeben. Den Teig in sechs Stücke teilen, in Frischhaltefolie einschlagen und 30 Minuten im Kühlschrank ruhen lassen.

2. In der Zwischenzeit die Füllung zubereiten. Dafür Kartoffeln und Steckrüben in 1 cm große Würfel schneiden und in eine Schüssel geben. Zwiebeln und Knoblauch hacken und mit dem Rinderhackfleisch, Salz, Pfeffer und Worcestersauce zu den Kartoffeln geben. Die Zutaten mit den Fingern gründlich vermengen.

3. Den Backofen auf 210 °C vorheizen.

4. Die Arbeitsfläche mit Mehl bestäuben und die Teigstücke zu Kreisen ausrollen. Die Füllung in sechs Portionen teilen, je eine davon auf die Mitte der Teigplatten geben. Die Teigränder über der Füllung zusammenschlagen und die Ränder gut zusammendrücken. Die Teigtaschen mit einem Pfannenwender auf ein mit Backpapier ausgelegtes Blech geben. Die Taschen mit Olivenöl bestreichen und im Ofen 45–50 Minuten goldgelb backen. Sofort servieren und dazu Ketchup und Tabasco reichen.

## Am Rande

Wenn man mit dem Auto durch den Norden Michigans fährt, verpflegt man sich mit Pasties – die grosse Spezialität dieser Region. Manchmal wird die Füllung auch mit Käse oder Bacon verfeinert. Eine extravagante Variante sind pasties mit Hirschragout-Füllung.

# MEATLOAF

## HACKBRATEN

Für 6 Personen

Zubereitung: 20 Minuten – Garzeit: 1 Stunde 10 Minuten

### ZUTATEN

1 Knoblauchzehe, 1 kleine Zwiebel, 125 g Bauernbrot ohne Rinde, 200 ml Vollmilch, 400 g Kalbshackfleisch, 400 g Rinderhackfleisch, 200 g Schweinehackfleisch, 2 Eier, 50 g zarte Haferflocken, 2 TL Worcestersauce, 1 EL Dijon-Senf, 2 TL Salz, 1 TL frisch gemahlener Pfeffer, Gravy-Sauce (siehe Seite 50)

### FÜR DIE SAUCE

200 g Ketchup, 1 EL brauner Zucker, 1 EL Apfelessig

1. Den Backofen auf 210 °C vorheizen.
2. Knoblauch und Zwiebel fein hacken. Das Brot in der Milch 5 Minuten einweichen, dann die Milch abgießen und das Brot in kleine Stückchen zerpflücken.
3. Die Fleischsorten vermengen. Brot, Knoblauch, Zwiebel, Eier, Haferflocken, Worcestersauce, Senf, Salz und Pfeffer zugeben und alles mit den Fingern gründlich vermengen. Die Masse in eine große Kastenform füllen und die Oberfläche glatt streichen.
4. Für die Sauce alle Zutaten vermischen. Ein Drittel der Sauce mit einem Löffel auf dem Hackbraten verstreichen und die Form in den Ofen schieben. Nach 30 Minuten ein weiteres Drittel der Sauce darauf verstreichen und nach weiteren 30 Minuten die restliche Sauce darauf verteilen und noch einmal 10 Minuten backen. Der Hackbraten sollte insgesamt 70 Minuten garen.
5. Den Hackbraten mit Kartoffelpüree und Gravy-Sauce servieren.



**TIPP**

Mit den Resten des Hackbratens und der Gravy-Sauce können Sie leckere Sandwiches zubereiten.

## Am Rande

Roadkill Stew bedeutet wörtlich übersetzt »Eintopf vom toten Wild am Strassenrand«. Also anders gesagt: ein Eintopf mit einem Opfer des Strassenverkehrs. Diese Spezialität des ländlichen Amerikas wird aufgrund ihres »Wild Food«-Charakters immer mit drei verschiedenen Sorten Fleisch zubereitet und meistens ist eine davon eher ungewöhnlich (Eichhörnchen, Bisamratte …).

Augenbohnen, die in den USA black-eyed peas heissen, sind kleine weisse Bohnen mit einem schwarzen Fleck. Sie stammen aus Afrika und sind vor allem in den Südstaaten sehr beliebt.

# ROADKILL STEW

## WILD-EINTOPF

Für 6 Personen

Zubereitung: 30 Minuten – Garzeit: 3 Stunden 10 Minuten

### ZUTATEN

3 EL Pflanzenöl, 500 g ausgelöste Schweinerippen, Fleisch in Stücke geschnitten, 500 g Wild (Hirsch, Fasan oder Wildschwein), in Stücke zerteilt, 500 g Hähnchen-, Kaninchen- oder Eichhörnchenschenkel, in zwei Stücke zerteilt, 3 Möhren, 3 Stangen Staudensellerie, 2 Zwiebeln, geschält, 1 grüne Paprikaschote, 4 Knoblauchzehen, geschält, 3 EL Bourbon Whiskey, 4 EL Weizenmehl, 1 große Dose (850 g) geschälte Tomaten im Saft, 2 EL Worcestersauce, 1 TL grobes Meersalz, 1 TL frisch gemahlener schwarzer Pfeffer, 400 g festkochende Kartoffeln, geschält, 150 g Maiskörner, 100 g Augenbohnen, vorgegart

1. Das Öl in einem gusseisernen Topf erhitzen und das Fleisch darin portionsweise von allen Seiten anbraten. Das Fleisch aus dem Topf nehmen, auf einen Teller legen und beiseitestellen. Das ausgetretene Fett im Topf belassen.

2. Möhren, Sellerie, Zwiebeln, Paprika und Knoblauch fein würfeln und die Gemüsewürfel im Topf 5 Minuten anbraten, bis sie etwas Farbe angenommen haben. Den Bourbon zugeben, mit dem Mehl überstäuben, bei mittlerer Hitze erwärmen und alles gründlich verrühren. 2 Liter warmes Wasser, die Tomaten, die Worcestersauce, Salz und Pfeffer zugeben und alles gut vermengen. Das Fleisch zurück in den Topf geben. Den Topf mit einem Deckel verschließen und das Stew ca. 2½ Stunden schmoren, bis das Fleisch schön zart ist.

4. Das Fleisch aus dem Topf nehmen, die Knochen der Schenkel auslösen und alles zurück in den Topf geben. Die Kartoffeln in 1 cm große Würfel schneiden, dazugeben und alles nochmals 10 Minuten garen. Zuletzt den Mais und die Augenbohnen zugeben und alles weitere 30 Minuten köcheln lassen. Mit Corn Bread (siehe Seite 169) servieren.

# CORN BREAD

## MAISBROT

Für 4 Personen

Zubereitung: 15 Minuten – Garzeit: 35 Minuten

### ZUTATEN

120 g gesalzene Butter
100 g Kristallzucker
2 Eier
250 ml Buttermilch
150 g Weizenmehl
150 g Polenta (keine Instant-Polenta!)
½ TL Backnatron
½ TL Salz

1. Den Backofen auf 180 °C vorheizen. Die Butter in einem Topf zerlassen und in einer Schüssel mit dem Zucker verrühren. Nacheinander die Eier und zuletzt die Buttermilch unterrühren.

2. In einer weiteren Schüssel das Mehl mit Polenta, Backnatron und Salz vermengen. Zu den feuchten Zutaten geben und alles zu einem geschmeidigen Teig verarbeiten. Eine Auflaufform (etwa 18 x 24 cm) dünn mit Butter ausstreichen, den Teig hineinfüllen und 35 Minuten im Ofen backen.

### TIPP

Corn bread wird gern zu Gerichten aus den Südstaaten und dem Mittleren Westen serviert. Auch zum Frühstück schmeckt es – getoastet und mit Butter und Honig bestrichen.

DIESES REZEPT LÄSST SICH VIELFACH VARIIEREN. MEINE MUTTER MISCHTE OFT SCHINKEN UND BROKKOLIRÖSCHEN UNTER. AUCH DIE LUXUSVARIANTE MIT HUMMER UND TRÜFFELN IST EINEN VERSUCH WERT. WICHTIG IST ES, QUALITATIV HOCHWERTIGEN KÄSE ZU VERWENDEN, DEN MAN INZWISCHEN AUCH IN SUPERMÄRKTEN FINDET. DEN CHEDDAR KANN MAN DURCH EMMENTALER ODER GOUDA ERSETZEN.

# MACARONI AND CHEESE

MAKKARONI-AUFLAUF

Für 4 Personen

Zubereitung: 30 Minuten – Garzeit: 20 Minuten

## ZUTATEN

400 g Cheddar, 500 g Makkaroni, 950 ml Vollmilch, 150 g gesalzene Butter, 50 g Mehl, Salz

## ZUM ÜBERBACKEN

50 g Paniermehl (ich nehme am liebsten Panko, knuspriges japanisches Paniermehl), 50 g gesalzene Butter, gewürfelt

1. Den Backofen auf 200 °C vorheizen. Den Käse reiben. Die Makkaroni in einem Topf mit gesalzenem Wasser nach Packungsanweisung al dente kochen und abtropfen lassen.
2. In der Zwischenzeit die Milch in einem Topf bei kleiner Hitze erwärmen (sie sollte nicht kochen) und warm halten.
3. Die Butter in einem Topf zerlassen, das Mehl zugeben und mit einem Schneebesen gut einrühren. 1–2 Minuten anschwitzen, dann unter ständigem Rühren nach und nach die warme Milch angießen. Wenn die Sauce einzudicken beginnt, vom Herd nehmen, Cheddar und Salz zugeben und alles gut verrühren.
4. Eine Auflaufform fetten. Die Makkaroni zur Sauce geben, alles gut vermengen und in die Auflaufform füllen. Mit Paniermehl bestreuen und die Butter darauf verteilen. 20 Minuten backen und sofort servieren.

TIPP

Man kann dieses Rezept auch mit gegartem Fisch zubereiten. Ich verwende dann am liebsten Makrele für die Fish Cakes.

# CRAB CAKES

## KREBSFRIKADELLEN

Für 4 Personen

Zubereitung: 15 Minuten – Garzeit: 8 Minuten

### ZUTATEN

1 Ei, 50 g Mayonnaise (siehe Seite 218), 1 EL gehackte Schalotten, 1 TL gehackter Knoblauch, 1 TL Old-Bay-Gewürzmischung (siehe Seite 219), 1 EL gehackte Petersilie, 1 TL gehackter Schnittlauch, 50 g Cracker (z.B. TUC), 1 Dose (240 g) Krebsfleisch oder gegartes und aus der Schale gelöstes Krebsfleisch, 1 EL gesalzene Butter, 1 EL Olivenöl, 1 Zitrone, geviertelt, zum Servieren

### FÜR DIE SAUCE

1 TL fein gehackte Kapern, 1 TL fein gehackte Gewürzgurken, 1 EL fein gehackte Schalotten (nach Belieben), 1 EL gehackter Schnittlauch, 1 EL Joghurt oder Crème fraîche, 1 EL Mayonnaise (siehe Seite 218), 1 EL Olivenöl, ½ TL Salz oder Old-Bay-Gewürzmischung, 1 EL Zitronensaft

1. Das Ei mit Mayonnaise, Schalotte, Knoblauch, Old-Bay-Gewürzmischung, Petersilie und Schnittlauch verrühren. Die Cracker mit einer Teigrolle fein zerdrücken und unterrühren. Das Krebsfleisch dazugeben, ohne es vorher zu zerteilen. Es zerfällt beim Vermengen von selbst. Aus der Masse vier runde Frikadellen formen und leicht flach drücken.

2. Butter und Olivenöl in einer Skillet-Pfanne oder einer gusseisernen Bratpfanne bei mittlerer bis starker Hitze erwärmen. Sobald die Butter aufschäumt, die Crab Cakes vorsichtig hineingeben und von jeder Seite 4 Minuten braten.

3. In der Zwischenzeit die Sauce zubereiten. Dafür alle Zutaten in einer Schüssel vorsichtig vermengen.

4. Die warmen Frikadellen mit der Sauce und den Zitronenvierteln servieren.

# CLAMBAKE

HUMMERAUFLAUF

Für 4 Personen

Zubereitung: 30 Minuten – Garzeit: etwa 35 Minuten

ZUTATEN

1 kg Venusmuscheln
600 g kleine bis mittelgroße Kartoffeln (vorzugsweise Bintje)
350 g würzige Schweinsbratwurst, in vier Teile geschnitten
4 Maiskolben
1 Zwiebel, geschält
4 Knoblauchzehen, geschält
4 EL Olivenöl
750 ml trockener Weißwein
1 TL grobes Meersalz
2 Hummer (je 600–800 g)
100 g Butter
Old-Bay-Gewürzmischung (siehe Seite 219)
2 Zitronen, halbiert



1. Die Venusmuscheln putzen, offene und beschädigte Exemplare wegwerfen. Reichlich gesalzenes Wasser in einem Topf aufkochen und die Kartoffeln mit Schale darin 10–12 Minuten garen. Abtropfen lassen und beiseitestellen. Die Bratwurststücke in einer sehr heißen Skillet-Pfanne oder gusseisernen Bratpfanne 3 Minuten braten, dann auf einen Teller legen und beiseitestellen. Die Maiskolben in je zwei oder vier Stücke zerteilen.

2. Zwiebel und Knoblauchzehen grob hacken und beides in einem sehr großen Topf mit Olivenöl 3 Minuten weichdünsten. Den Weißwein und 1½ Liter Wasser angießen und salzen. Die Brühe aufkochen lassen, die Hummer hineingeben und nach 10 Minuten die Wurststückchen und den Mais zugeben. Noch einmal 10 Minuten kochen, dann die Muscheln zugeben. Sobald sich die Schalen öffnen, die Kartoffeln zugeben und alles weitere 5 Minuten kochen lassen.

3. In der Zwischenzeit geklärte Butter zubereiten. Dafür die Butter bei kleiner Hitze zerlassen, vom Herd nehmen und 2–3 Minuten ruhen lassen. Zum Klären der Butter die weißen Bestandteile, die sich an der Oberfläche abgesetzt haben, abschöpfen. Das klare gelbe Butterfett in ein Schälchen füllen.

4. Den Muscheltopf vom Herd nehmen und den Sud in eine Schale abgießen. Muscheln, die sich nicht geöffnet haben, entfernen. Das Clambake zum Servieren im Topf lassen oder den Inhalt auf eine große Platte oder direkt auf den mit Zeitungspapier ausgelegten Tisch geben. Mit Old-Bay-Gewürzmischung bestreuen und mit Zitronen, geklärter Butter (zum Eintunken des Hummers) und dem Sud servieren.





TIPPS

Man kann die Hummer auch durch andere Krustentiere ersetzen (Langusten, Taschenkrebse, Seespinnen). Einfach die Garzeit dem Gewicht der Tiere anpassen. Man kann auch die Hälfte der Venusmuscheln durch Miesmuscheln ersetzen.

Sollte Hummer übrig bleiben, kann man damit ein leckeres Hummersandwich (Lobster Roll) zubereiten: Dazu ein Hotdog-Brötchen (siehe Seite 84) aufschneiden, erwärmen, mit klein geschnittenem Hummer belegen und mit Dill-Mayonnaise und Zitronensaft beträufeln.

AM RANDE

Clambakes sind eine Spezialität der amerikanischen Ostküste und insbesondere Neuenglands. Clambake-Essen organisiert man gern am Strand, beispielsweise nach einem Baseball-Match oder sommerlichen Sportveranstaltungen. Ein Clambake ist immer ein geselliges Essen und kulinarischer Mittelpunkt von Familienfesten genauso wie Volksfesten. Das Rezept für das Old-Bay-Gewürz steht auf Seite 219.

Die Old-Bay-Gewürzmischung gehört zu den traditionellen Gewürzmischungen, die sich in den USA seit Generationen großer Beliebtheit erfreuen. Sie stammt aus der Chesapeake-Bucht (nahe Washington), wird zum Würzen von Fisch und Meeresfrüchten sowie für Krustentierbrühen verwendet und besteht aus Sellerie, Senf, schwarzem Pfeffer, Piment, Paprikapulver, Lorbeerblättern, Gewürznelken, Quatre-épices, Kardamom, Ingwer und Zimt.

cherry
pie
DESSERT
SWEETS

# Zucker-ABC

Auch wenn die Amerikaner eine klare Vorliebe für Rohrzucker haben, so kennen sie doch vielerlei Zuckersorten mit unterschiedlichen Farben, Aromen und Texturen, die sie je nach Rezept und gewünschtem Ergebnis verwenden. In Deutschland findet man die größte Zuckerauswahl in Bioläden.

Hier die in Deutschland üblichen Zuckersorten und ihre amerikanischen Entsprechungen:

**Brauner Zucker/Rohrzucker/Demerarazucker**: Wenig raffinierter hellbrauner Kristallzucker, der leicht löslich ist und wenig Feuchtigkeit enthält. In den USA findet man ihn unter den Namen *free-flowing brown sugar*, *granulated light brown sugar* oder *demerara sugar* (eine Variante mit großen Kristallen).

**Flüssigzucker und klarer Zuckersirup**: Invertzucker, also Rohr- oder Rübenzucker, der durch ein chemisches Verfahren verflüssigt wurde. In den USA und in Großbritannien wird *golden syrup* häufig zum Backen verwendet, um die Textur zu optimieren.

**Muscovado-Zucker, Vollrohrzucker, Melasse, Vollzucker**: nicht kristallisierte, pulverförmige, leicht feuchte Zuckersorten aus Zuckerrohr. Unter *brown sugar* verstehen Amerikaner in der Regel Muscovado-Zucker, Melasse oder Vollzucker – reiner Zuckerrohrsaft, dem das Wasser entzogen wurde. Sein karamellartiger Geschmack verleiht Desserts oder Frühstücksgerichten eine besondere Note. Man findet ihn hierzulande immer häufiger in großen Supermärkten, vor allem aber in Bioläden, wo man oft sogar die Wahl zwischen hellen und dunklen Varianten hat. Denn in der Tat unterscheidet man zwischen *dark brown sugar* (dunkelbraunem Zucker) und *light brown sugar* (hellbraunem Zucker).

**Natürlicher Flüssigzucker**: natürlicher, dickflüssiger Sirup, sehr geschmacksintensiv und süß. Bekannt ist Ahornsirup (*maple syrup*), weniger bekannt Zuckerrohrmelasse (*molasses* oder *treacle*) – ein sehr dunkler, geschmacksintensiver Zuckerrohrsirup, der besonders in den amerikanischen Südstaaten beliebt ist.

**Puderzucker**: *powdered sugar* oder *confectioners sugar*.

**Vergeoise-Zucker**: wird aus Zuckerrüben hergestellt und mit Karamell aromatisiert.

**Weißer Kristallzucker**: *granulated sugar*, *caster sugar*. Der normale Haushaltszucker, den man überall im Handel findet.

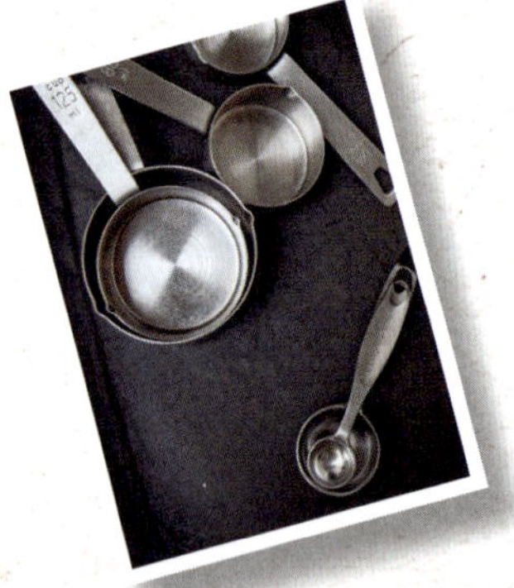

TIPP

Ich esse gern schon zum Frühstück ein Stück Kirschkuchen. Für dieses Rezept eignen sich Burlat-Kirschen besonders gut.

# GRANDMA'S CHERRY PIE

## KIRSCHKUCHEN MEINER GROSSMUTTER

Für 8 Personen

Zubereitung: 35 Minuten – Ruhezeit: 45 Minuten
Garzeit: 50 Minuten

### ZUTATEN

1 Rezeptmenge Kuchenteig (siehe Seite 192), 800 g Burlat-Kirschen, 2½ EL Tapiokastärke, 200 g Kristallzucker + 1 EL zum Bestreuen des Kuchens, ¼ TL Salz, ¼ TL Bittermandelaroma, 100 g Butter + mehr für die Form, 6 Tropfen rote Lebensmittelfarbe (nach Belieben)

1. Den Teig zubereiten, zwei Kugeln daraus formen, in Frischhaltefolie einschlagen und 30 Minuten im Kühlschrank ruhen lassen.

2. Die Kirschen entkernen und dabei den Saft auffangen. Insgesamt benötigt man 125 ml Saft (falls die aufgefangene Menge nicht reicht, ein paar Kirschen zerdrücken). Für den Belag Tapiokastärke, Zucker und Salz vermischen. Kirschen, Kirschsaft, Bittermandelaroma und nach Belieben Lebensmittelfarbe zugeben, alles vorsichtig vermengen und 15 Minuten ruhen lassen.

3. Den Backofen auf 220 °C vorheizen. Teigkugeln aus dem Kühlschrank nehmen und zu zwei Kreisen ausrollen, die einen etwas größeren Durchmesser als die Kuchenform (etwa 24 cm) haben. Die Form leicht fetten und mit einer Teigplatte auskleiden, dann den Kirschbelag darauf verteilen. Die Butter in kleine Stücke schneiden und auf den Kirschen verteilen. Die zweite Teigplatte auf die Kirschmasse legen und an den Rändern mit der unteren Platte zusammendrücken (siehe Rezept Seite 192). Oder die obere Teigplatte in 1½ cm breite Streifen schneiden und gitterförmig auf den Belag legen. Dafür abwechselnd jeweils einen Streifen längs, dann einen Streifen quer auf den Kirschen platzieren, damit ein schönes Muster entsteht. Den überschüssigen Teig abschneiden und die Ränder gut verschließen.

4. Den Kuchen mit 1 Esslöffel Zucker bestreuen und in den Ofen schieben. Wenn der Teig beginnt Farbe anzunehmen (nach 15–20 Minuten), mit Alufolie abdecken und noch einmal 30 Minuten backen. Insgesamt beträgt die Backzeit 50 Minuten. Den Kuchen lauwarm mit einer Kugel Vanilleeis oder abgekühlt einfach so servieren.

# KEY LIME PIE

LIMETTENKUCHEN VON DEN FLORIDA KEYS

Für 8 Personen

Zubereitung: 30 Minuten – Garzeit: 52 Minuten
Ruhezeit: 2 Stunden

## ZUTATEN

130 g Vollkornbutterkekse, 170 g Spekulatius, 100 g Butter, zerlassen, 50 g Zucker, 450 ml Limettensaft (von etwa 20 Limetten), 800 ml gesüßte Kondensmilch, 8 Eigelb, 500 g süße Sahne, 30 g Puderzucker, abgeriebene Schale von ½ Bio-Limette

1. Den Backofen auf 190 °C vorheizen.
2. Butterkekse und Spekulatius in einer Küchenmaschine oder im Standmixer fein mahlen, dann mit Butter und Zucker vermengen. Boden und Rand einer Springform mit der Masse auskleiden. 7–8 Minuten im Ofen goldgelb backen.
3. In der Zwischenzeit die Limetten auspressen. Die Kondensmilch in eine Schüssel geben, die Eigelbe nacheinander zugeben und gründlich einrühren. Den Limettensaft untermengen, die Masse auf den Kekskrümelboden gießen und den Kuchen 45 Minuten im Ofen backen.
4. Pie abkühlen lassen und für mindestens 2 Stunden in den Kühlschrank stellen.
5. Die Sahne mit dem Puderzucker steif schlagen und ebenfalls kühl stellen. Vor dem Servieren Kuchen und Sahne aus dem Kühlschrank nehmen. Die Sahne in eine Tortenspritze füllen und den Kuchen damit nach Belieben garnieren. Zuletzt mit der Limettenschale bestreuen.

Echte Key-Limetten sind klein, rund und kommen aus Florida, vor allem von den Florida Keys. Manchmal entdecke ich sie auch – als Import aus Afrika oder von den Antillen – auf meinem Pariser Wochenmarkt. Sie werden dort als »citrons de punch« (Punschlimetten) verkauft. Natürlich kann man auch andere Limettensorten verwenden, wenn die Früchte reif und saftig sind.

# CHEESECAKE

AMERIKANISCHER KÄSEKUCHEN

Für 16 Personen

Zubereitung: 30 Minuten – Garzeit: 1 Stunde 40 Minuten
Kühlzeit: 5 Stunden

## ZUTATEN

### FÜR DEN BODEN

225 g Spekulatius, 100 g weiche Butter,
75 g Kristallzucker, 1 Prise Salz

### FÜR DIE KÄSEMASSE

1,2 kg Doppelrahm-Frischkäse, 400 g Kristallzucker,
abgeriebene Schale von 1 Bio-Zitrone, 75 g Weizenmehl,
5 ganze Eier + 4 Eigelb, 1 TL Vanilleextrakt

### FÜR DIE GLASUR

200 g Crème fraîche, 25 g Puderzucker, 1 TL Vanilleextrakt





1. Den Boden einer Springform (30 cm Ø) mit mehreren Schichten Alufolie auslegen und ein tiefes Backblech zur Hälfte mit Wasser füllen. Den Backofen auf 230 °C vorheizen.

2. Die Spekulatius mit der Küchenmaschine zu Pulver zermahlen, dann mit Butter, Zucker und Salz vermengen. Boden und Rand einer Springform mit der Masse auskleiden und 6–8 Minuten im Ofen goldgelb backen.

3. Für die Käsemasse den Frischkäse, Zucker, Zitronenschale und Mehl in eine Schüssel geben und mit dem Handrührgerät gründlich vermengen. Unter ständigem Rühren nacheinander die Eier, dann die Eigelbe und zuletzt das Vanilleextrakt zugeben. Die Masse auf den Ku-

chenboden geben und die Oberfläche mit einem Spatel glatt streichen. Auf das mit Wasser gefüllte Backblech stellen und im Ofen 5 Minuten garen. Die Temperatur auf 200 °C reduzieren und weitere 5 Minuten garen. Schließlich die Temperatur auf 100 °C reduzieren und den Kuchen 90 Minuten backen. Den Ofen ausstellen und den Kuchen bei leicht geöffneter Ofentür darin abkühlen lassen. Den abgekühlten Kuchen herausnehmen und vor dem Servieren mindestens 5 Stunden in den Kühlschrank stellen. Gekühlt hält sich der Cheesecake eine gute Woche.

4. Für die Glasur Crème fraîche mit Puderzucker und Vanilleextrakt verrühren und auf der Oberfläche des Kuchens verstreichen.

## KLEINES EXTRA: ERDBEERSAUCE

500 g Erdbeeren, 100 g Kristallzucker, 1 TL Vanilleextrakt

Die Erdbeeren in Stücke schneiden und in einem kleinen Topf mit Zucker und Vanilleextrakt 5–7 Minuten unter Rühren erwärmen, bis der Zucker geschmolzen ist. Die Sauce vollständig abkühlen lassen, in den Kühlschrank stellen und zum Cheesecake servieren.

### TIPP

Auch wenn der Hersteller versichert, dass die Kuchenform wasserundurchlässig ist – wer kein Risiko eingehen möchte, legt die Form sicherheitshalber mit mehreren Schichten Alufolie aus.

Foto zum Rezept auf der folgenden Seite

AM RANDE
ALS ICH DIESEN CHEESECAKE EINMAL FREUNDEN SERVIERTE, BEHAUPTETEN DIE GÄSTE, ER SEI BESSER ALS DIE KÄSEKUCHEN DER BERÜHMTEN CHEESECAKE FACTORY IN DEN USA. EIN TOLLES KOMPLIMENT!

Für 8 Personen

Zubereitung: 40 Minuten
Garzeit: 30 Minuten insgesamt

## ZUTATEN

FÜR DEN TEIG

300 ml Olivenöl
250 g Kristallzucker
250 g heller Muscovado-Zucker oder heller Vergeoise-Zucker (siehe Seite 180)
4 Eier
1 TL Salz
1 TL gemahlener Zimt
1 TL frisch geriebener Ingwer
1 TL frisch geriebene Muskatnuss
½ TL gemahlene Gewürznelken
300 g Weizenmehl
2 TL Backnatron
2 TL Backpulver
400 g Möhren, fein gerieben
100 g Pekannusskerne
100 g Sultaninen
Butter für die Form

FÜR DEN GUSS

100 g weiche Butter
500 g Doppelrahm-Frischkäse (raumtemperiert)
600 g Puderzucker

FÜR DIE KARAMELLISIERTEN PEKANNÜSSE

100 g Pekannusskerne
2 EL heller Muscovado-Zucker oder heller Vergeoise-Zucker (siehe Seite 180)

# CARROT CAKE

## MÖHRENKUCHEN

1. Für diesen Kuchen benötigt man drei Böden, die man nacheinander bäckt (wenn man nicht drei gleich große Springformen besitzt).

2. Den Boden einer Springform (26 cm Ø) mit passend zugeschnittenem Backpapier auslegen, damit sich der Kuchen später besser aus der Form lösen lässt. Das Papier und den Innenrand der Form mit etwas Butter fetten. Den Backofen auf 180 °C vorheizen.

3. In einer großen Schüssel das Öl mit beiden Zuckersorten verrühren, dann nacheinander die Eier unterrühren. Zuletzt das Salz und alle Gewürze untermengen.

4. In einer weiteren Schüssel das Mehl mit Backnatron und Backpulver gut vermischen. Zur Öl-Zucker-Mischung sieben und gut verrühren. Die Möhren unterheben. Die Pekannusskerne fein hacken und mit den Sultaninen zum Teig geben. Alles gründlich vermengen, dann ein Drittel des Teigs in eine Springform füllen und im Ofen 22–24 Minuten backen. Die Garprobe machen: mit einem Holzstäbchen in die Mitte des Kuchenbodens stechen. Bleibt kein Teig daran haften, ist der Boden fertig. Die anderen beiden Böden entsprechend backen. Die einzelnen Böden nach dem Backen aus dem Ofen nehmen, aus der Form lösen und auf einem Kuchengitter vollständig auskühlen lassen.

5. Für den Guss die Butter und den Frischkäse mit dem Handrührgerät verrühren. Den Puderzucker nach und nach hineinsieben und unterrühren. Den ersten Boden auf einen Teller geben und die Oberfläche mit einem Viertel des Gusses bestreichen. Den zweiten Boden daraufsetzen, mit einem weiteren Viertel des Gusses bestreichen, dann den dritten Boden daraufsetzen und das dritte Viertel Guss darauf verstreichen. Mit dem Rest des Gusses den Kuchenrand bestreichen.

6. Für die karamellisierten Pekannusskerne den Muscovado-Zucker mit den Nusskernen in einem kleinen Topf bei kleiner Hitze unter ständigem Rühren ca. 7 Minuten erwärmen, bis der Zucker geschmolzen ist. Die Nusskerne trocknen lassen und den Kuchen damit garnieren. Der Möhrenkuchen hält sich bei Raumtemperatur einen Tag, danach im Kühlschrank aufbewahren.

# RHUBARB PIE

## GEDECKTE RHABARBER-PIE

Für 8 Personen

Zubereitung: 35 Minuten – Ruhezeit: 30 Minuten
Garzeit: 50–55 Minuten

### ZUTATEN

**FÜR DEN TEIG**
240 g weiche Butter, 40 g Kristallzucker, 375 g Weizenmehl

**FÜR DEN BELAG**
350 g Rhabarber, 2 Eier, 350 g Kristallzucker, 2 EL Weizenmehl, ½ TL geriebene Muskatnuss, ½ TL Salz

1. Den Backofen auf 190 °C vorheizen.

2. Für den Teig Butter und Zucker verrühren, das Mehl untermengen und unter ständigem Rühren nach und nach 75 ml kaltes Wasser zugeben. Aus dem Teig zwei gleich große Kugeln formen, in Frischhaltefolie einschlagen und für 30 Minuten in den Kühlschrank legen.

3. In der Zwischenzeit den Rhabarber in 1–2 cm große Stücke schneiden. Die Eier verquirlen, dann Zucker, Mehl, Muskat und Salz einrühren und die Rhabarberstücke unterheben.

4. Die Teigkugeln zu je einem Kreis ausrollen, der etwas größer als die Kuchenform ist. Eine Tarte- oder Springform (24 cm Ø) fetten und mit einem Teigkreis auskleiden. Die Rhabarbermischung darauf verteilen. Die zweite Teigplatte darauflegen und an den Rändern mit der unteren Teigplatte verschließen. Dabei mit einem Finger ringsum gleichmäßig Wellen in den Rand drücken. Die Mitte des Teigdeckels mit dem Messer mehrfach einschneiden, damit der Dampf entweichen kann. Den Kuchen mit Alufolie abdecken. Dabei darauf achten, dass die Folie über die Ränder der Form hinausreicht. 25 Minuten im Ofen backen, dann die Alufolie entfernen und den Kuchen noch einmal 25–30 Minuten backen. Er sollte nicht zu dunkel werden. Abkühlen lassen und lauwarm oder kalt servieren.

### TIPP

Das Rezept für diesen Rhabarberkuchen stammt von meiner Grossmutter. Für seine Zubereitung benötigt man eine Tarteform aus Glas oder Keramik (24 cm Ø). Alternativ kann man eine Springform verwenden.

## KARAMELL-POPCORN

Für 4 Personen

Zubereitung: 30 Minuten – Garzeit: 45 Minuten

### ZUTATEN

2 EL Pflanzenöl
200 g Popcorn-Mais
180 g gesalzene oder ungesalzene Butter (je nach Geschmack)
250 g dunkler Muscovado-Zucker oder dunkler Vergeoise-Zucker (siehe Seite 180)
1 EL Melasse (siehe Seite 180)
½ TL Backnatron
75 g Erdnusskerne (nach Belieben)
75 g Pekannusskerne (nach Belieben)

1. Den Backofen auf 150 °C vorheizen. Das Öl in einem gusseisernen Topf erhitzen. Wenn es schön heiß ist, die Maiskörner hineingeben und den Topf mit einem Deckel verschließen. Sobald die Körner aufzuplatzen beginnen, den Topf rütteln. Das Popcorn auf Raumtemperatur abkühlen lassen, dann die nicht aufgeplatzten Körner entfernen und das Popcorn in eine große Schale füllen.

2. Die Butter in einem Topf zerlassen. Zucker und Melasse unter Rühren zugeben und 5 Minuten köcheln lassen, bis die Masse am Löffel kleben bleibt. Vom Herd nehmen, Backnatron zugeben, gut verrühren und den Sirup so schnell wie möglich über das Popcorn gießen. Erdnuss- und Pekannusskerne (falls verwendet) zugeben und alles gut vermengen. Popcorn auf ein mit Backpapier ausgelegtes Blech geben und 45 Minuten im Ofen backen. Zwischendurch mehrmals wenden. Warm oder lauwarm servieren.

**AM RANDE**
WENN UNSERE FAMILIE ZUSAMMEN EINEN FILM ANSCHAUTE, FUTTERTEN WIR IMMER POPCORN DAZU – IN UNTERSCHIEDLICHEN VARIANTEN: NATUR, KARAMELLISIERT, MIT KÄSE ODER GEWÜRZEN.

# PEACH COBBLER

## PFIRSICH-COBBLER

Für 4 Personen

Zubereitung: 25 Minuten – Garzeit: 40–45 Minuten

### ZUTATEN

FÜR DEN COBBLER
900 g reife Pfirsiche oder Nektarinen, 100 g Butter,
200 g Kristallzucker, 150 g Weizenmehl, 2 TL Backpulver,
1 TL Vanilleextrakt, 220 ml Vollmilch, 160 g Vanilleeis zum Servieren

FÜR DIE SAUCE
1 mittelgroßer Pfirsich, 150 g Kristallzucker,
1 TL Vanilleextrakt

1. Den Backofen auf 180 °C vorheizen. Die Pfirsiche schälen, entkernen, in Scheiben schneiden und beiseitelegen.
2. Die Butter zerlassen und in einer Auflaufform (20 x 26 cm) verteilen.
3. In einer Schüssel Zucker, Mehl und Backpulver gut vermischen, dann nacheinander Vanilleextrakt und Milch unterrühren. Diese Masse in die Auflaufform füllen. Die Pfirsichscheiben darauf verteilen und den Cobbler 40–45 Minuten im Ofen backen.
4. Für die Sauce den Pfirsich schälen und klein schneiden und mit 100 ml Wasser, Zucker und Vanilleextrakt in einen Topf geben. Aufkochen und 3–4 Minuten bei mittlerer Hitze etwas einkochen lassen. Mit einem Stabmixer pürieren. Wer eine sehr feine Textur mag, kann die Sauce durch ein Sieb streichen.
5. Den Cobbler lauwarm mit einer Kugel Vanilleeis pro Person und einigen Löffeln Pfirsichsauce servieren.

**AM RANDE**

Diese traditionelle Süssspeise aus den Südstaaten ist eine entfernte Verwandte des Crumble, einfach und schnell zubereitet und eines meiner Lieblingsdesserts.

# PUMPKIN PIE

KÜRBIS-PIE

Für 8 Personen

Zubereitung: 35 Minuten – Ruhezeit: 30 Minuten
Garzeit: 1 Stunde 45 Minuten

## ZUTATEN

1 Kabocha- oder Hokkaido-Kürbis (600–700 g; ergibt 450 g Fruchtfleisch), 50 g Butter, zerlassen, 120 g dunkler Muscovado-Zucker (siehe Seite 180), ½ Rezeptmenge Kuchenteig (siehe Seite 192), 100 g Spekulatius, fein gemahlen, 400 ml ungesüßte Kondensmilch, 2 Eier, 1 TL frisch geriebener Ingwer, 1 TL gemahlener Zimt, ½ TL geriebene Muskatnuss, ½ TL gemahlene Gewürznelken, 1 TL Vanilleextrakt

1. Den Backofen auf 200 °C vorheizen. Den Kürbis halbieren und die Kerne entfernen. Die beiden Hälften mit den Schnittflächen nach oben in eine Auflaufform legen. Die Butter darüberträufeln und mit 50 g Muscovado-Zucker bestreuen. Mit Alufolie abdecken und im Ofen etwa 1 Stunde backen, bis man mit einem Messer leicht ins Kürbisfleisch stechen kann.

2. In der Zwischenzeit den Kuchenteig nach Rezeptanweisung (siehe Seite 192) zubereiten. Dabei statt des Mehls die Spekulatiusbrösel verwenden. Den Teig in Frischhaltefolie einschlagen und 30 Minuten in den Kühlschrank legen.

3. Wenn der Kürbis gar ist, die Schale ablösen. 450 g Kürbisfleisch abwiegen und sehr fein pürieren, dann die Kondensmilch und den restlichen Muscovado-Zucker zugeben und alles gut vermengen. Nacheinander erst die Eier, dann die Gewürze unterrühren.

4. Den Teig aus dem Kühlschrank nehmen und zu einem Kreis ausrollen, der etwas größer ist als die Kuchenform (24 cm Ø). Die gefettete Form mit dem Teig auskleiden. Das Kürbispüree hineingeben, die Oberfläche mit einem Messer glatt streichen und den Kuchen 45 Minuten im Ofen backen. Wenn er zu dunkel wird, nach 30 Minuten mit Alufolie abdecken. Die Kürbis-Pie mit Schlagsahne servieren.



### TIPP

Pumpkin Pie ist der krönende Abschluss jedes Festessens an Thanksgiving. Für die Zubereitung benötigt man einen weichfleischigen Kürbis – entweder den grünschaligen Kabocha (erhältlich in Asialäden) oder den orangeschaligen Hokkaido.

# CHOCOLATE
## PEANUT BUTTER BROWNIES

SCHOKOLADENBROWNIES MIT ERDNUSSBUTTER

Für 8 Brownies

Zubereitung: 20 Minuten – Garzeit: 30–35 Minuten

### ZUTATEN

FÜR DIE BROWNIES
120 g Zartbitterschokolade, 90 g gesalzene Butter, 2 EL Kakaopulver, 300 g Kristallzucker, 100 g Erdnussbutter, 3 Eier, 125 g Weizenmehl, 1 TL Vanilleextrakt

FÜR DIE GLASUR
75 g Butter + mehr für die Form, 2 EL Kakaopulver, 100 g Puderzucker

1. Den Backofen auf 180 °C vorheizen. Schokolade und Butter mit dem Kakaopulver in einer Schüssel über dem Wasserbad schmelzen. Vom Herd nehmen. Zucker und Erdnussbutter zugeben und alles gut verrühren. Nacheinander die Eier unterrühren. Zuletzt Mehl und Vanilleextrakt einarbeiten.
2. Eine Auflaufform oder eine viereckige Kuchenform mit Butter fetten, den Teig hineingeben und 30–35 Minuten backen.
3. Für die Glasur die Butter mit dem Kakaopulver in einer Schüssel über dem Wasserbad schmelzen. Vom Herd nehmen und unter ständigem Rühren den Puderzucker in die Schüssel sieben und mit der Buttermasse verrühren. Sobald die Glasur glatt und geschmeidig ist, mit einem Spatel auf den Brownies verstreichen. Die Brownies abkühlen lassen, dann in Quadrate schneiden.

### AM RANDE

DIESES REZEPT STAMMT VON MEINER GROSSMUTTER MÜTTERLICHERSEITS. ES IST DER BESTE BEWEIS DAFÜR, DASS WIR AMERIKANER SEIT GENERATIONEN ERDNUSSBUTTER LIEBEN.

# RICE KRISPY TREATS

LECKEREI AUS PUFFREIS

Für 10 Kinder

Zubereitung: 15 Minuten – Ruhezeit: 1 Stunde

## ZUTATEN

60 g Butter
300 g Marshmallows
240 g süßer Puffreis (Rice Krispies)

1. Die Butter bei kleiner Hitze in einem Topf zerlassen, dann unter ständigem Rühren die Marshmallows zugeben. Wenn sie fast geschmolzen sind, den Topf vom Herd nehmen.
2. Die Masse in eine große Schüssel geben, den Puffreis zugeben und mit einem Kochlöffel alles gut verrühren. Die Masse in einer viereckigen Form mit hohem Rand verstreichen. Mindestens 1 Stunde ruhen lassen, dann in Quadrate schneiden und sofort servieren.

## TIPP

Dieses Rezept löst bei Kindern Begeisterungsstürme aus. Man kann es auch in der Mikrowelle zubereiten.

Tipp
Das Rezept für die Ingwerkekse (siehe Seite 207) stammt von meiner Tante Mary Ellen, die für ihre Desserts berühmt und nicht zuletzt deshalb gern gesehener Gast auf Familienfesten ist. Ein Trick: Ich lege eine halbe Scheibe Toastbrot mit in die Keksdose – die Cookies nehmen die Feuchtigkeit des Brotes auf und bleiben länger frisch.

COOKIES
COOKIES
COOKIES
COOKIES
COOKIES

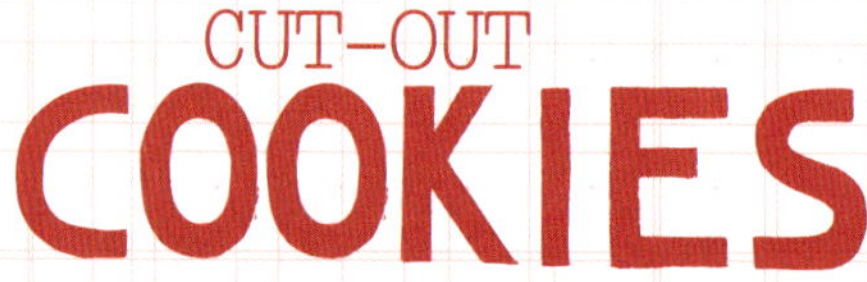

# CUT-OUT COOKIES

## KLEINE COOKIES

Für etwa 700 g Cookies

Zubereitung: 35 Minuten – Ruhezeit: 30 Minuten
Garzeit: 11–13 Minuten

### ZUTATEN

180 g weiche Butter
250 g Kristallzucker
2 Eier
350 g Weizenmehl
½ TL Backpulver

1. Den Backofen auf 180 °C vorheizen.
2. Butter und Zucker in einer Schüssel mit dem Handrührgerät gut verrühren. Nacheinander die Eier unterrühren.
3. In einer weiteren Schüssel Mehl und Backpulver gut vermischen. Zur Butter-Zucker-Mischung geben und alles gut verrühren. Den Teig zu einer Kugel formen, in Frischhaltefolie einschlagen und 30 Minuten in den Kühlschrank legen. Dann den Teig ausrollen und mithilfe von Ausstechförmchen Kekse ausstechen. Die Cookies auf mit Backpapier ausgelegten Blechen verteilen und 11–13 Minuten hellgolden backen.
4. Wer mag, überzieht die Cookies nach dem Abkühlen mit einer Glasur und dekoriert sie. Dafür der Rezeptanweisung für die Donut-Glasur (siehe Seite 32) folgen.

# COOKIE JAR

## GINGER SNAPS

### INGWERKEKSE

Für etwa 500 g Cookies

Zubereitung: 30 Minuten – Garzeit: 12–15 Minuten

ZUTATEN

170 g Butter (raumtemperiert)
200 g Kristallzucker + 4 EL
75 g Melasse (siehe Seite 180)
1 Ei
300 g Weizenmehl
2 TL Backnatron
1 EL gemahlener Ingwer
1 TL gemahlener Zimt
½ TL Salz

1. Den Backofen auf 180 °C vorheizen. Ein Backblech mit Backpapier auslegen.

2. Butter und Zucker in einer Schüssel zu einer hellcremigen Masse verrühren. Die Melasse und das Ei unterrühren.

3. In einer weiteren Schüssel Mehl, Backnatron, Ingwer, Zimt und Salz gut mischen. Zur Butter-Zucker-Mischung geben und alles gut verrühren.

4. Die restlichen 4 Esslöffel Zucker auf einen kleinen Teller geben. 1 Esslöffel Teig zu einer Kugel formen und im Zucker wälzen. Die fertigen Teigkugeln flach drücken, im Abstand von 5 cm auf das Backblech setzen und 12–15 Minuten backen.

5. Wenn sie aus dem Ofen kommen, sind die Ginger Snaps noch ein wenig weich. Man kann sie sofort genießen oder in einer Keksdose oder einem anderen luftdicht verschließbaren Gefäß aufbewahren.

OATMEAL

# WHOOPIE PIES

## WHOOPIE PIES MIT HAFERFLOCKEN

Für 8 Whoopies

Zubereitung: 35 Minuten – Garzeit: 10–12 Minuten

### ZUTATEN

**FÜR DIE COOKIES**

75 g Butter (raumtemperiert), 50 ml Pflanzenöl, 200 g Muscovado-Zucker (siehe Seite 180), 1 Ei, 1 TL Vanilleextrakt, 125 g Mehl, ½ Päckchen Backpulver, ½ TL Backnatron, 100 g grobe Haferflocken

**FÜR DIE CREME**

100 g Butter (raumtemperiert), 160 g Puderzucker, 150 g Fluff (Marshmallow-Creme, erhältlich in gut sortierten Supermärkten oder im Internet)

1. Den Backofen auf 180 °C vorheizen.
2. In einer großen Schüssel Butter, Öl und Zucker verrühren. Ei und Vanilleextrakt zugeben und alles gut vermengen.
3. In einer weiteren Schüssel Mehl, Backpulver und Backnatron gut vermischen. In die Schüssel mit der Butter-Zucker-Mischung sieben und einrühren. Zuletzt die Haferflocken untermengen. Den Teig von Hand zu 16 flachen Keksen formen. Diese im Abstand von 5 cm auf zwei mit Backpapier ausgelegten Backblechen verteilen und 10–12 Minuten backen. Die Cookies aus dem Ofen nehmen und auf einem Kuchengitter abkühlen lassen.
4. In der Zwischenzeit die Creme zubereiten. Dafür Butter und Puderzucker mit einer Gabel oder einem Schneebesen verrühren. Fluff zugeben und alles gründlich vermengen. Wenn die Cookies vollständig abgekühlt sind, etwas Creme auf der Unterseite eines Cookies verstreichen, dann einen weiteren Cookie mit der Unterseite daraufsetzen, sodass ein Sandwich entsteht. Auf dieselbe Weise die restlichen Cookies zubereiten. Sofort servieren oder die Whoopie Pies im Kühlschrank aufbewahren.

Dieses Rezept hat Kultstatus! Ich war immer glücklich, wenn meine Mutter mir Whoopie Pies in die Brotzeitdose packte.

Diese kleinen Schokoladen-Cupcakes mit Cheesecake-Füllung sind ganz einfach zuzubereiten! Für die Dekoration kann man aus den vielen Zuckergarnituren auswählen, die im Handel erhältlich sind.

# CHOCOLATE CHEESECAKE CUPCAKES

## SCHOKOLADEN-CUPCAKES MIT CHEESECAKE-FÜLLUNG

Für 12 Cupcakes

Zubereitung: 15 Minuten – Garzeit: 25–30 Minuten

### ZUTATEN

FÜR DIE CHEESECAKE-FÜLLUNG
225 g Doppelrahm-Frischkäse, 1 Ei, 100 g Kristallzucker

FÜR DEN CUPCAKE-TEIG
250 g Weizenmehl, 1 TL Backnatron, ½ TL Salz, 50 g Kakaopulver, 1 TL Vanilleextrakt, 250 g Kristallzucker, 80 ml Pflanzenöl, 2 EL Apfelessig

FÜR DIE GLASUR
225 g Butter, 450 g Puderzucker, 50 g Doppelrahm-Frischkäse

1. Den Backofen auf 180 °C vorheizen. Für die Cheesecake-Füllung den Frischkäse mit Ei und Zucker in einer Schüssel verrühren und beiseitestellen.

2. In einer zweiten Schüssel für den Cupcake-Teig die Zutaten in der Reihenfolge der Nennung mit 250 ml Wasser gründlich verrühren.

3. Die Papierförmchen in die Mulden eines Muffinblechs mit zwölf Mulden setzen und jedes Förmchen bis zur Hälfte mit Cupcake-Teig füllen, dann 1 Esslöffel Cheesecake-Füllung in die Mitte geben und 25–30 Minuten backen.

4. Für die Glasur Butter und Puderzucker zu einer festen Masse verrühren. Den Frischkäse zugeben und gründlich einrühren, bis die Konsistenz der Glasur etwas lockerer wird.

5. Die Cupcakes vollständig auskühlen lassen, dann mit der Glasur überziehen und nach Belieben dekorieren. Bis zum Servieren im Kühlschrank aufbewahren.

SHAKE IT UP BABY!

## STRAWBERRY MILKSHAKE
### ERDBEER-MILCHSHAKE

Für 4 Personen
Zubereitung: 15 Minuten
Gefrierzeit: 45 Minuten

250 g Erdbeeren
2 EL Kristallzucker
50 g süße Sahne
250 ml Vanilleeis

Die Erdbeeren waschen und putzen, vorsichtig abtrocknen und 45 Minuten ins Gefrierfach oder den Tiefkühler legen. Dann mit Zucker und Sahne in einer tiefen Schüssel mit dem Stabmixer oder in der Küchenmaschine pürieren. Das Vanilleeis zugeben und weiter pürieren, bis der Milchshake eine cremige Konsistenz hat. Bei Bedarf mehr Sahne zugeben. In vier hohe Gläser füllen und sofort servieren.

TIPP: MAN KANN DEN MILCHSHAKE AUCH MIT ANDEREN SAISONFRÜCHTEN ZUBEREITEN. ABER ACHTUNG: BEI VERWENDUNG VON PFIRSICHEN, PFLAUMEN ODER APRIKOSEN VORHER DIE HAUT ABZIEHEN!

## ICED TEA
### EISTEE

Für 4 Personen
Zubereitung und Ziehzeit: 20–25 Minuten

6 Beutel Schwarztee
4 Scheiben Zitrone
viele Eiswürfel
Zucker

1. 1½ l Wasser in einem Topf aufkochen, die Teebeutel hineingeben und 5 Minuten ziehen lassen. Teebeutel herausnehmen und den Tee 15–20 Minuten abkühlen lassen. Wenn er Raumtemperatur erreicht hat, in ein Gefäß mit 2 Litern Fassungsvermögen geben und mit Eiswürfeln auffüllen.

2. Zum Servieren vier Gläser zur Hälfte mit Eiswürfeln füllen, jeweils 1 Scheibe Zitrone hineingeben und mit dem Tee aufgießen. Eine Zuckerdose mit auf den Tisch stellen, damit jeder seinen Tee nach Belieben süßen kann.

TIPP: IN DEN SÜDSTAATEN TRINKT MAN DEN TEE GERN STARK GEZUCKERT. ICH PERSÖNLICH ENTSCHEIDE LIEBER SELBST, WIE SÜSS ICH MEINEN TEE TRINKEN MÖCHTE.

## LEMONADE
### ZITRONENLIMONADE

Für etwa 1½ l
Zubereitung: 1 Stunde (inklusive Abkühlzeit)
Kühlzeit: 30 Minuten

200 g Kristallzucker
500 ml frisch gepresster Zitronensaft (von etwa 10 Zitronen)
1 Bio-Zitrone, in Scheiben geschnitten
Eiswürfel (nach Belieben)

1. Für den Sirup 250 ml Wasser und den Zucker in einen Topf geben und unter ständigem Rühren 5–7 Minuten erhitzen, bis sich der Zucker vollständig aufgelöst hat. Den Sirup vollständig abkühlen lassen (dauert etwa 1 Stunde).

2. Den Zitronensaft mit dem Sirup vermengen und mit 800 ml kaltem Wasser auffüllen.

3. Die Limonade mindestens 30 Minuten in den Kühlschrank stellen, dann mit Zitronenscheiben und nach Belieben mit Eiswürfeln servieren.

TIPP: IM SOMMER AUCH MAL PINK LEMONADE (ROSA LIMONADE) PROBIEREN. DAFÜR EINFACH PÜRIERTE ERDBEEREN HINZUFÜGEN.

Ball

## SALSA

Für 4 Personen
Zubereitung: 10 Minuten
Ruhezeit: 30 Minuten

4 reife Tomaten
2 kleine weiße Zwiebeln
½ Bund Koriandergrün
Saft von 1 Limette
2 EL Olivenöl
½ TL Salz

Die Tomaten halbieren, die Kerne entfernen und das Fruchtfleisch klein würfeln. In eine Schüssel geben. Zwiebeln und Koriandergrün fein hacken und zu den Tomaten geben. Limettensaft, Olivenöl und Salz unterrühren. Vor dem Servieren 30 Minuten in den Kühlschrank stellen.

## BBQ SAUCE
### BARBECUESAUCE

Für etwa 400 g
Zubereitung: 5 Minuten
Garzeit: 5 Minuten (sofern man Zucker verwendet)

6 EL Ketchup
2 EL Sojasauce
1 EL Ahornsirup, Honig oder Muscovado-Zucker (siehe Seite 180)
2 TL Sesamöl
2 TL Balsamessig
1 TL Worcestersauce
1 Msp. Salz

Alle Zutaten vermengen. Bei Verwendung von Muscovado-Zucker die Sauce 5 Minuten bei niedriger bis mittlerer Hitze erwärmen, damit sich der Zucker auflöst. Bei Verwendung von Sirup oder Honig ist die Sauce schon fertig. Man kann sie auch mit etwas Cayennepfeffer oder geriebenem Ingwer verfeinern.

TIPP: Dieses Rezept ist sehr variabel. Wenn eine Zutat fehlt, gebe ich ein wenig mehr von einer anderen hinzu oder ersetze sie durch eine asiatische Sauce oder etwas Senf.

## GUACAMOLE
### AVOCADOCREME

Für 4 Personen
Zubereitung: 10 Minuten

2 reife Avocados
½ Knoblauchzehe, fein gehackt
Saft von ¼ Limette
1 Prise Salz

Die Avocados aufschneiden und vorsichtig die Kerne auslösen. Eine Avocadohälfte fest in die Hand nehmen und das Fruchtfleisch mit einer Gabel direkt in der Schale zerdrücken. Nach und nach das zerdrückte Fleisch in eine Schüssel geben. Mit den anderen Avocadohälften ebenso verfahren. Knoblauch, Limettensaft und Salz zugeben und alles gründlich verrühren. Sofort servieren.

## RUSSIAN DRESSING
### »RUSSISCHES« DRESSING

Ergibt etwa 400 g
Zubereitung: 5 Minuten

200 g Mayonnaise
4 EL Ketchup
2 TL Meerrettich
1 TL weißer Essig
¼ TL Tabasco
½ TL Zwiebelpulver
½ TL Salz

Alle Zutaten in einer Schale vermengen und das Dressing im Kühlschrank aufbewahren.

## BUTTERMILK
### »FALSCHE« BUTTERMILCH

Zubereitung: 5 Minuten

250 ml Vollmilch
2 TL weißer Essig

Den Essig in die Milch geben und 5 Minuten ruhen lassen (nicht umrühren!). Dann verrühren und sofort verwenden.

## KETCHUP

Ergibt etwa 360 g
Zubereitung: 5 Minuten
Garzeit: 10 Minuten

180 g Tomatenmark
150 g dunkler Muscovado- oder dunkler Vergeoise-Zucker (siehe Seite 180)
50 ml Apfelessig
1 TL Salz
½ Zwiebelpulver
½ TL Knoblauchpulver
½ TL Selleriesalz

Alle Zutaten in einem kleinen Topf mit dem Schneebesen verrühren. Langsam zum Kochen bringen, dann die Temperatur reduzieren und 10 Minuten köcheln lassen. In ein luftdicht verschließbares Gefäß füllen und im Kühlschrank aufbewahren.

## MAYONNAISE
### MAYONNAISE AUF AMERIKANISCHE ART

Zubereitung: 15 Minuten

2 Eier
1 EL weißer Essig
1 EL Zitronensaft
½ TL Salz
1 TL Dijon-Senf (oder siehe Rezept unten)
500 ml Pflanzenöl (ich nehme gern Traubenkernöl)

Für die Zubereitung sollten alle Zutaten raumtemperiert sein. Die Eier in ein hohes Gefäß oder die Schüssel einer Küchenmaschi ne schlagen. Essig, Zitronensaft, Salz, Senf und 1 Esslöffel Öl zugeben. Das restliche Öl in Reichweite stellen. Die Zutaten mit dem Handrührgerät oder der Küchenmaschine verrühren und das restliche Öl langsam in dünnem Strahl zugießen. Das Rührgerät dabei immer auf dem Boden des Gefäßes halten und nach und nach ein wenig höher ziehen, damit die Mayonnaise eine gleichmäßige Konsistenz bekommt. In den Kühlschrank stellen und am selben Tag verbrauchen.

## MUSTARD
### SENF

Zubereitung: 10 Minuten
Ruhezeit: 5 Tage

50 g Senfkörner, 75 ml Apfelessig
75 ml Weißwein oder Bier
2 EL Kristallzucker
2 TL gemahlene Kurkuma
½–1 TL Salz

Senfkörner, Essig, Wein oder Bier und Zucker in einer Schüssel gründlich vermengen, abdecken und 3 Tage im Kühlschrank ruhen lassen. Mit dem Stabmixer oder in der Küchenmaschine zu einer homogenen Masse pürieren. Kurkuma und Salz zugeben und noch einmal gut verrühren. Abdecken, weitere 2 Tage im Kühlschrank ruhen lassen und genießen.

## RANCH DRESSING
### RANCH-DRESSING

Zubereitung: 10 Minuten

200 g Mayonnaise
100 g Crème fraîche
½ kleine Knoblauchzehe
1 TL Salz
3 EL Petersilie
2 EL gehackter frischer Dill
2 EL gehackter frischer Schnittlauch
1 EL Zitronensaft
75–125 ml Buttermilch

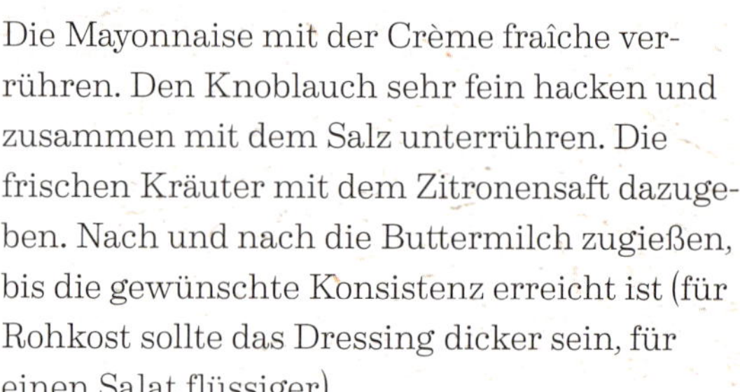

Die Mayonnaise mit der Crème fraîche verrühren. Den Knoblauch sehr fein hacken und zusammen mit dem Salz unterrühren. Die frischen Kräuter mit dem Zitronensaft dazugeben. Nach und nach die Buttermilch zugießen, bis die gewünschte Konsistenz erreicht ist (für Rohkost sollte das Dressing dicker sein, für einen Salat flüssiger).

# PICKLES
## EINGELEGTE GURKEN

Für 2 Gefäße à 600 ml
Zubereitung: 25 Minuten
Marinierzeit: 48 Stunden

2 Salatgurken
½ Bund Dill, Blätter abgezupft
2 gehackte Knoblauchzehen
600 ml weißer Essig
2 EL grobes Meersalz
2 EL Korianderkörner
2 EL Senfkörner

Die Gurken in Scheiben oder Stäbchen schneiden. Auf Einmachgläser mit Schraubverschluss (etwa 600 ml Fassungsvermögen) verteilen und nach und nach den Dill mit den Gurken vermengen. Den Essig und 300 ml Wasser mit Salz und Gewürzen aufkochen und 5 Minuten sprudelnd kochen lassen. Abkühlen lassen, dann die Marinade in die Gläser geben. Darauf achten, dass die Gurken vollständig bedeckt sind. Die Gefäße verschließen und 48 Stunden im Kühlschrank ruhen lassen.

# RELISH
## WÜRZSAUCE FÜR SANDWICHES

Für 2 Gefäße à 400 ml
Zubereitung: 10 Minuten
Garzeit: 15 Minuten
Ruhezeit: 24 Stunden

1 große Salatgurke (500 g)
1 Zwiebel
1 TL Salz
100 ml weißer Essig
50 g Zucker
1 TL Speisestärke

Gurke schälen, entkernen und würfeln, die Zwiebel schälen und würfeln. Alles mit dem Salz in eine Schüssel geben, abdecken und 12 Stunden im Kühlschrank ruhen lassen. Anschließend das ausgetretene Wasser abgießen. Den Essig mit dem Zucker aufkochen und 5 Minuten kochen lassen. Gurken und Zwiebeln zugeben, nochmals aufkochen und weitere 5 Minuten kochen lassen. Die Speisestärke in 1 Teelöffel kaltem Wasser auflösen, zu den Gurken geben und nochmals 5 Minuten kochen. In zwei Einmachgläser mit Schraubverschluss füllen, gut verschließen und vor dem Verzehr 12 Stunden im Kühlschrank ruhen lassen.

# OLD BAY SEASONING
## OLD-BAY-GEWÜRZMISCHUNG

Zubereitung: 10 Minuten

1 EL Selleriesalz
1 EL zerbröselte Lorbeerblätter
2 TL geräuchertes Paprikapulver
1 TL schwarzer Pfeffer aus der Mühle
⅛ TL gemahlener Zimt
⅛ TL geriebene Muskatnuss
⅛ TL gemahlene Gewürznelken

Alle Zutaten vermengen und die Gewürzmischung in einem luftdicht verschließbaren Gefäß aufbewahren.

# VANILLA EXTRACT
## VANILLEEXTRAKT

Zubereitung: 5 Minuten
Ruhezeit: mindestens 4 Wochen

7 Vanilleschoten
500 ml Wodka

Die Vanilleschoten der Länge nach aufschlitzen und in ein Glas mit Schraubdeckel (500 ml Fassungsvermögen) geben. Mit Wodka aufgießen, sodass die Vanilleschoten gut bedeckt sind. Das Gefäß vier Wochen lang einmal wöchentlich schütteln, dann an einem trockenen, dunklen Ort aufbewahren.

## BREAKFAST AND BRUNCH



## SANDWICHES

## SUPPEN & SALATE

## DINNERS

## DESSERTS



## GETRÄNKE



## SAUCEN & GEWÜRZE

# Amerikanische Lebensmittel kaufen:

**www.uslifestyle.de**
Auf der Internetseite von US Lifestyle kann man amerikanische Produkte bestellen – neben US-Lebensmitteln auch amerikanische Non-Food-Produkte von bekannten Herstellern.

**www.usa-food.de**
Versand von amerikanischen Lebensmitteln in Deutschland. Das Ladengeschäft liegt in Waldkraiburg, 80 Kilometer östlich von München.

**www.americancandy.de**
Neben vielen typischen amerikanischen Lebensmitteln wie Marshmallows, Cookies, Reese's Peanut Butter Cups, Lifesavers, Wintergreen-Kaugummi oder Oreo-Keksen findet man hier auch zahlreiche Trendprodukte aus den USA.

**www.americansoda.de**
Mehr als 1000 Produktgruppen – von den weltbekannten US-Süßigkeiten über Sodas, Backzutaten, Saucen und mehr bis zu trendigen Geschenksets.

**www.us-shop-berlin.de**
Lebensmittel und Getränke direkt aus den USA. Mit Ladengeschäft in Berlin.

**www.starbridge.de**
Zahlreiche amerikanische Produkte und Lebensmittel. Mit Ladengeschäft in Fürth bei Nürnberg:

**www.usfoodz.de**
Viele Getränke und Snacks, aber auch ungewöhnliche Sorten Oreos, Marmeladen, Poptarts und Backzutaten wie Baking Soda, Backmischungen und Frostings.

**www.foodfromhome.de**
Sehr großes Sortiment. Auch ungewöhnliche britische und amerikanische Lebensmittel und Backzutaten und sogar frische Bagels. Außerdem eine gute Auswahl an Büchern und Magazinen.

**www.toscas-suedstaaten-spezialitaeten.de**
Ausgewählte Feinkost: Shortbread aus Mississippi, Pickles aus Texas, Senf & Chutney aus South Carolina, Saucen und Aufstriche aus Georgia, exklusiver Direktimport.

**www.worldofsweets.de**
Spezialhändler für Süßigkeiten: Schokoriegel aus den USA und aller Herren Länder, Kaugummis, Jelly Bellys, Oreos und dazu Getränke wie Root Beer oder Dr. Pepper.

## Ladengeschäfte:

**American Heritage (mehrere Filialen)**
Mönckebergstr. 7
im Levantehaus
20095 Hamburg
Tel. 040-76 79 33 80

Nymphenburger Str. 182
80634 München
Tel. 089-12 59 65 85

Schertlinstraße 13a
86159 Augsburg
Tel. 0821-45 52 54 00

Goldgasse 12
5020 Salzburg
Tel. +43-662-84 25 34
**www.american-heritage.de**

**AMERICAN LIFESTYLE**
The Gift-, Deco- & Food Store
Attilastraße 177
12105 Berlin-Tempelhof

**AWAFS-American Food Supply**
Ottostraße 3a
63150 Heusenstamm
Tel. 06104-953 26 03
**www.awafs.de**

**Tom's American Food & Beverage Shop**
Hauptstraße 33
97258 Oberickelsheim
Tel. 09339-98 98 16
**www.american-food.com**

**Trendjumpers**
American SuperStore
Berliner Str. 34
84478 Waldkraiburg
Tel: 08638/88 21 70

**USA World**
Korbinianstraße 50
80807 München

**US Food Store**
Gustavstraße 28
90762 Fürth

Wenn ich spätabends in meiner Küche bin, muss ich immer an meine Mutter denken, denn am Vorabend der großen amerikanischen Feiertage war sie stets bis spät in die Nacht mit den Vorbereitungen für den nächsten Tag beschäftigt. Zuallererst möchte ich deshalb meiner Mutter danken, die ihre unbändige Lust am Kochen an mich weitergegeben hat. Meinem Vater danke ich dafür, dass er meine Rezepte immer bereitwillig probiert hat und dafür, dass er meinen Holzkohlengrill für meine Besuche im Haus meiner Familie in den USA aufbewahrt hat.

Ich danke meiner Schwester, die mich zu den typischen Südstaatengerichten beraten hat. Allen meinen Tanten und meinen Großmüttern danke ich für ihre Rezepte: Aunt Sara, Great-Aunt Mary-Ellen, Grandma Beer, Grandma Deyoung und Great-Ganny. Außerdem danke ich unseren Freunden, der Familie Frusti.

Ich habe das Glück, Olivier, Monique und Claude sowie viele andere Freunde zu haben, die meine Gerichte immer gern kosten. Ich danke Marie für ihr frühes Aufstehen, Cécile und Luc für ihre Hilfe am Hotdog-Stand, Fem für die guten Pläne, Catherine für ihre heitere Gelassenheit, Karolina für ihre Ratschläge, Dominique, die mir ihr Café, das »11 avril – Bar Provisoire« in Trouville, anvertraut hat, Erik, der mir seine Bar in Paris anvertraut hat und Julien, der mich bei meinen Recherchen zu Biodogs unterstützte.

Danke auch an Julie, Onna und die Familie Dufoix, die mir erlaubt haben, ihre Küche zu benutzen, als ich gerade in Paris angekommen war und noch keine eigene hatte!

Danke an Florence Lécuyer, Laure Aline und die Éditions de La Martinière, die mich ermuntert haben, dieses Buch zu machen. An Aurore für ihre herrlich präzisen Illustrationen.

An Laurence für ihre Geduld, an Manon für ihre aufmerksamen Beobachtungen, die bis ins kleinste Detail reichten, und an Sophie für ihre guten Ratschläge und ihre Ideen.

Und natürlich danke ich meinen Töchtern, die schon großen Gefallen daran finden, sich als Köchinnen auszuprobieren, und immer gern meine Pancakes kosten.

CARRIE